AF469709

LE GUIDE
DE
L'ÉTRANGER DANS PARIS

COMÉDIE-VAUDEVILLE EN TROIS ACTES,

PAR

MM. EUGÈNE GRANGÉ ET LAMBERT THIBOUST

Représentée pour la première fois, à Paris, sur le théâtre des VARIÉTÉS, le 3 novembre 1860.

PARIS
MICHEL LÉVY FRÈRES, LIBRAIRES-ÉDITEURS
RUE VIVIENNE, 2 BIS

1860

Distribution de la pièce

ROCHONNET, vigneron, propriétaire, du département de la Côte-d'Or.........	MM. LECLÈRE.
EUSÈBE CHAMBLY, son neveu.......	RAYNARD.
ADRIEN BIJU......................	GRENIER.
UN GARÇON DE CAFÉ..............	ROLAND.
PREMIER EMPLOYÉ DU CHEMIN DE FER............................	CHARIER.
DEUXIÈME EMPLOYÉ.............	VIDEIX.
PREMIER COMMISSIONNAIRE.........	HALSERC.
DEUXIÈME COMMISSIONNAIRE........	ALBERT.
PREMIER CRIEUR.................	FORESTIER.
DEUXIÈME CRIEUR..................	FIETÈS.
PREMIER VOYAGEUR...............	GODARD.
DEUXIÈME VOYAGEUR..............	THÉODORE.
MUGUETTE.......................	Mlles ALPHONSINE.
ABEILLE........................	JUDITH FERREYRA.
GEORGINA.......................	JEANNE.
CORINNE........................	CLOTILDE.
ZOUZOU.........................	ANITA.
ALIDA..........................	MIGNONNE.
PHÉMIE.........................	COLOMBE.
JULIE, bonne chez Abeille. / UNE VIEILLE DAME.... }	LÉONIE.

VOYAGEURS DES DEUX SEXES, DOUANIERS, COMMISSIONNAIRES, ETC.

Toutes les indications sont prises de la gauche et de la droite du spectateur.— Les personnages sont inscrits en tête des scènes dans l'ordre qu'ils occupent au théâtre. Les changements de position sont indiqués par des renvois au bas des pages.

LE GUIDE

DE L'ÉTRANGER DANS PARIS

ACTE PREMIER.

L'embarcadère du chemin de fer de Paris à Lyon, boulevard Mazas. — Au fond, un café avec des tables à la porte.

SCÈNE PREMIÈRE.

VOYAGEURS de toute condition, CRIEURS de journaux, COMMISSIONNAIRES, EMPLOYÉS du chemin de fer.

(Au lever du rideau, on entend la cloche annonçant le départ d'un train. — Des voyageurs arrivent de la droite avec leurs valises, leurs cartons ; quelques-uns s'empressent d'aller prendre leurs billets. — Les commissionnaires transportent des bagages, etc., etc.)

PREMIER CRIEUR.

Le Constitutionnel! la Patrie! le Figaro! le Journal Amusant!

DEUXIÈME CRIEUR.

Demandez, messieurs, *le Guide de l'étranger dans Paris!*

PREMIER VOYAGEUR, à un employé.

A quelle heure le train pour Lyon?

L'EMPLOYÉ.

Dans cinq minutes. Dépêchez-vous!

DEUXIÈME VOYAGEUR, à un autre employé.

A quelle heure arrive-t-on à Villeneuve-sur-Yonne?

DEUXIÈME EMPLOYÉ, brusquement.

Je ne sais pas!... Voyez la pancarte. (Il passe.)

DEUXIÈME VOYAGEUR, à part.

Quels butors que ces employés!... (Il entre à l'embarcadère.)

PREMIER CRIEUR.

Le Constitutionnel! la Patrie! le Figaro! le Journal Amusant!

DEUXIÈME CRIEUR.

Demandez, messieurs, *le Guide de l'étranger dans Paris!...*

DEUXIÈME EMPLOYÉ, à une vieille dame qui a un chien, et veut entrer dans l'embarcadère.

Madame, allez déclarer votre chien; vous ne pouvez monter avec lui en wagon.

LA VIEILLE DAME.

Mais je le tiendrai sur mes genoux.

DEUXIÈME EMPLOYÉ.

C'est défendu! Il faut le faire inscrire.

LA VIEILLE DAME.

Ah! mon Dieu! voyager dans le compartiment des chiens... pauvre bête!... Monsieur, je vous en prie...

DEUXIÈME EMPLOYÉ.

Impossible, madame, impossible!...

LA VIEILLE DAME.

C'est une horreur!... Je porterai plainte devant les tribunaux! (Elle sort furieuse par le fond à gauche. — Nouveau coup de cloche. Mouvement général parmi les voyageurs qui entrent dans l'embarcadère.)

SCÈNE II.

EMPLOYÉS, CRIEURS, ADRIEN BIJU, le cigare à la bouche, le stik dans la poche de son paletot, mise de gandin à tous crins, arrivant par l'embarcadère.

ADRIEN, fredonnant la romance du Trovatore.

Écoutez un instant
Le troubadour chantant.
Écoutez un instant
Le trou...

Sapristi!... Est-ce qu'Abeille va me faire poser?... Elle m'avait juré, il y a deux jours, en me quittant, de revenir ce matin par l'express... Pourvu qu'elle n'ait pas manqué le train! (Se promenant.)

Écoutez un instant
Le trou...

(S'arrêtant.) Qu'est-ce qu'elle est allée faire à Fontainebleau, je vous le demande? Elle m'a dit qu'elle allait vendanger chez sa tante... Vingt louis, que c'est une blague!... Je ne donne pas dans cette tante-là, moi!... C'est plutôt quelque partie de plaisir, montée par ses bonnes amies, mesdemoiselles Corinne et Georgina... Sapristi! mais j'y pense : Fontainebleau est une ville de garnison; on y envoie même des corps d'élite... Est-ce que par hasard?...

Air du *Piano de Berthe*.

Je sens s'éveiller mes yeux assoupis!
Je crois qu'une intrigue est sur le tapis.
M'a-t-on fait poser?... Et ces demoiselles
A Fontainebleau vendangeraient-elles
Parmi les képis? (*bis*)

Après ça, non! Abeille m'idole, et... (Tirant sa montre.) Onze heures sept!... Elle est mauvaise!... (A un employé.) Est-ce que l'express n'est pas arrivé?

PREMIER EMPLOYÉ *.

Pas encore! Dans dix minutes.

ADRIEN.

Dix minutes'... Merci!. . Comme c'est amusant de rester là à tous les vents... Ma foi! allons prendre un grog au café. (Il remonte.)

DEUXIÈME COMMISSIONNAIRE, arrivant de droite, en portant des bagages.

Gare!...

ADRIEN, bousculé.

Faites donc attention... vous éreintez mon vernis! (A part, se secouant.) Sapristi! elle est mauvaise!... (Criant.) Garçon! (Il entre au café.)

PREMIER CRIEUR, riant en le regardant sortir *.

Ah! ah! ah! il est bon le moderne, avec son carreau dans l'œil!

DEUXIÈME CRIEUR, imitant Adrien.

Faites donc attention... vous éreintez mon vernis!

PREMIER CRIEUR.

C'est quelque jobard qui aura manqué le train.

DEUXIÈME CRIEUR.

Ou qui fait le pied de grue en attendant sa belle.

PREMIER EMPLOYÉ.

Justement, il demandait l'express.

DEUXIÈME CRIEUR, riant.

Ah! bon! compris!... (On entend des coups de sifflet signalant l'arrivée d'un train.)

PREMIER EMPLOYÉ.

Tenez, le voilà qui arrive!... Il est en avance aujourd'hui!

PREMIER CRIEUR, au deuxième crieur.

Attention, nous autres!... (On voit arriver quelques voyageurs, qui sortent de l'embarcadère. — Les crieurs, les commissionnaires s'empressent au-devant d'eux en offrant leurs services, ou en criant leurs journaux.)

SCÈNE III.

CRIEURS, EMPLOYÉS, COMMISSIONNAIRES, VOYAGEURS, puis CORINNE, GEORGINA, et ensuite ABEILLE.

(Elles viennent de l'embarcadère.)

GEORGINA, à la cantonade.

Oui, un panier de raisin!... Allez, nous vous attendons!... (Entrant, et à Abeille qui arrive lentement.) Mais viens donc, Abeille!

* Premier emp. Adr.

** Premier crieur, premier emp. deuxième crieur.

CORINNE *.

Adrien doit s'impatienter en nous attendant.

ABEILLE, d'un air préoccupé.

Bah! Adrien!... Vous voyez bien qu'il n'est pas là. (Elle regarde derrière elle.)

GEORGINA.

Gageons que je devine qui tu cherches?

ABEILLE.

Moi?

GEORGINA.

Oui, avec ton petit air... Je parie que ce sont ces deux voyageurs qui étaient dans le wagon où nous sommes montées à Fontainebleau?

CORINNE, riant.

Ah! oui, ces deux provinciaux si cocasses!...

GEORGINA.

M. Rochonnet, propriétaire-vigneron, près de Beaune, Côte-d'Or.

CORINNE.

Et son neveu, Eusèbe Chambly.

GEORGINA.

Car l'oncle nous a dit toutes ses affaires, leurs noms, ce qui les amène à Paris.

CORINNE.

Il t'a même offert de t'envoyer une pièce de vin de sa meilleure récolte.

GEORGINA.

Ce que tu t'es empressée d'accepter.

ABEILLE, froidement.

Pourquoi pas?... J'aime le bourgogne.

GEORGINA.

Ah! sournoise!... fine mouche! c'était un prétexte pour glisser ton adresse. Les vignes du vieux t'ont donné dans l'œil.

ABEILLE, souriant.

Tu crois?

GEORGINA.

Parbleu! j'ai bien vu que tu avais fait sa conquête.

ABEILLE.

Ah! je ne pense guère à lui, je vous assure.

CORINNE.

Alors, c'est sur le petit que tu as des idées?

ABEILLE.

Peut-être bien.

GEORGINA.

Au fait, c'est naïf, candide comme un agneau en nourrice. Il n'a jamais vu Paris, où son brave homme d'oncle l'amène pour lui faire achever son droit...

* Ab. Geor. Cor.

ABEILLE.

En attendant qu'il lui achète une étude de notaire à Beaune.

GEORGINA.

C'est un pigeon sur la planche.

CORINNE.

J'ai remarqué qu'il rougissait en te regardant en dessous.

GEORGINA.

Et, comme il va rester ici seul et sans défense...

ABEILLE, gravement.

Mesdemoiselles, j'ai des projets plus sérieux. (Elle passe au milieu.)

GEORGINA ET CORINNE.

Ah bah * !

ABEILLE.

Oui, je suis lasse de jeter mon existence aux quatre vents de la fantaisie, de gaspiller ma jeunesse dans le provisoire... Je songe à me créer une position, je veux avoir un dernier chapitre.

GEORGINA, riant.

Un dernier chapitre!...

ABEILLE.

Air : *Quand j'étais roi de Béotie* (ORPHÉE).

Les amours qu'on trouve à Mabille
Sont un peu sujets à changer;
Leur fortune est assez fragile,
Et leur cœur encor plus léger,
Jusqu'ici, rieuse et mobile,
Ma vie, hélas! fut un roman;
Et je l'avoue, en femme habile,
Moi, je lui cherche un dénoûment
Comme on n'en voit pas à Mabille (*bis*).

CORINNE.

J'entends... tu veux être notairesse !...

GEORGINA.

Mais dis donc, et Adrien Biju ?

ABEILLE.

Adrien n'aura bientôt plus le sou,.. Mauvaise affaire !... Tandis que l'autre...

ROCHONNET, en dehors.

Mais, sac à papier! écoutez-moi donc!

ABEILLE,

Chut !... Je reconnais la voix de l'oncle! Mesdemoiselles, pas d'inconséquences... il y va de mon avenir.

* Geor. Ab. Cor.

GEORGINA.

Sois donc tranquille!

CORINNE.

Un mariage!... c'est sacré! (Elles remontent et causent entre elles à l'écart, pendant ce qui suit.)

SCÈNE IV.

LES MÊMES, ROCHONNET, EUSÈBE, arrivant par l'embarcadère. Rochonnet a une canne; Eusèbe le suit, tenant une petite valise.

ROCHONNET, se disputant avec l'employé qui est à la porte.

Puisque je vous dis que j'ai donné nos billets!... Que diantre! laissez-nous passer!... (A Eusèbe.) Allons, viens! ne me quitte pas!

EUSÈBE, entrant derrière lui.

Non, mon oncle. (Les crieurs et les commissionnaires les entourent.)

PREMIER CRIEUR.

Le Constitutionnel! la Patrie! le Figaro! le Journal Amusant!

ROCHONNET.

Qu'est-ce que vous me voulez?... Je n'ai besoin de personne!

PREMIER COMMISSIONNAIRE *.

Mon bourgeois, faut-il faire avancer une voiture?

ROCHONNET.

Va-t'en au diable, avec ta voiture! J'ai de bonnes jambes, nous irons à pied. Quand on est resté huit heures dans leur satanée boîte, on a besoin de se dérouiller un peu.

DEUXIÈME CRIEUR.

Achetez, mon bourgeois, *le Guide de l'étranger dans Paris!*

ROCHONNET.

Je n'ai que faire de ton méchant bouquin.

PREMIER CRIEUR.

Mon bourgeois, cherchez-vous un hôtel? Je peux vous indiquer...

ROCHONNET.

Je trouverai bien tout seul.

EUSÈBE.

Cependant, mon oncle, si nous allions nous égarer?...

ROCHONNET.

Nous égarer!... Allons donc!... avec une langue, on va partout.

PREMIER COMMISSIONNAIRE.

Où allez-vous, mes bourgeois?

* Eus. les crieurs, Roch. premier com. Ab. Geor. Cor.

ROCHONNET.

Qu'est-ce que ça te fait?... Je vais place du Palais-Royal.

PREMIER COMMISSIONNAIRE.

Je vas vous y mener.

ROCHONNET.

Inutile, je connais mon chemin... Parbleu! je connais Paris... j'y suis venu, il y a trente ans.

PREMIER COMMISSIONNAIRE.

Trente ans!... Oh! mais, alors...

ROCHONNET.

Alors, quoi?... Je te dis que je connais!... la place du Palais-Royal, avec une fontaine au fond... à droite la rue de Chartres, le théâtre du Vaudeville...

PREMIER COMMISSIONNAIRE.

Mais non!... Le Vaudeville, c'est place de la Bourse.

ROCHONNET.

Place de la Bourse, c'est Feydeau... J'y ai vu jouer *la Dame blanche*, de M. Grétry... même, qu'en sortant, on m'a volé ma montre... Ça veut conduire les autres, et ça ne connaît pas seulement Paris! (Les commissionnaires s'éloignent en riant. Les dames redescendent.)

GEORGINA, bas à Abeille *.

Il est bon, l'homme de campagne!

CORINNE, de même.

Voilà un type!

ABEILLE, bas.

Silence!

EUSÈBE, apercevant les trois femmes, et tout tremblant.

Oh! mon oncle!...

ROCHONNET.

Eh bien, quoi? qu'est-ce qui te prend?

EUSÈBE, les lui montrant.

Voyez donc... ces dames...

ROCHONNET.

Quelles dames?... (Les voyant et les saluant d'un air aimable.) Ah! ah! nos charmantes voyageuses!

ABEILLE.

Nos aimables compagnons de route!

ROCHONNET.

Comment! encore ici?

GEORGINA.

Oui!.. Nous attendons...

ABEILLE, vivement.

Un panier de chasselas qu'on est allé réclamer aux bagages.

ROCHONNET.

Ah! vraiment! du chasselas?... Nous, c'est notre malle, nos colis...

* Eus. Roch. Ab. Geor. Cor.

ABEILLE.

Bien charmée de cette nouvelle rencontre... Et si, en ma qualité de Parisienne, je pouvais vous être bonne à quelque chose...

ROCHONNET.

Merci, madame, merci !... Je connais Paris.

GEORGINA, bas, en riant.

Oui, il y paraît.

ROCHONNET.

D'ailleurs, je ne suis ici que pour deux ou trois jours... le temps d'installer ce garnement-là; et je repars pour Beaune, faire mes vendanges, et vous expédier...

ABEILLE.

Cette fameuse pièce de bourgogne ?...

ROCHONNET.

Année 1854... un crâne vin ! C'est d'un velouté... d'un velouté !...

ABEILLE.

Je n'en doute pas, monsieur Rochonnet, et, quant au payement...

ROCHONNET.

Bah ! bah ! nous parlerons de ça à mon premier voyage... On voit tout de suite à qui on a affaire...

ABEILLE.

Vous avez mon adresse ?

ROCHONNET.

Oui, dans mon portefeuille... Je n'ai garde de l'oublier... ni mon neveu, non plus... Pas vrai, Eusèbe ?

EUSÈBE, ému.

Non, mon oncle... certainement...

ROCHONNET.

Il ira vous voir, si vous le permettez.

ABEILLE.

Comment donc !... (A part.) J'y compte bien. (Haut, et très-pudiquement.) Je serai très-heureuse si M. Eusèbe veut bien quelquefois visiter mon entre-sol.

ROCHONNET, bas, à Eusèbe.

Comme cette femme s'exprime d'une façon distinguée !... C'est une femme mariée, bien sûr.

EUSÈBE, à part.

Oh ! tant pis !

ROCHONNET, à Abeille.

Mon neveu se présentera chez vous, belle dame... avec la permission de M. votre mari.

ABEILLE.

Mon mari ?... Je suis veuve, monsieur.

EUSÈBE, à part.

Oh ! tant mieux !

ROCHONNET.

A votre âge ?

ABEILLE.

Je suis devenue veuve... à seize ans... le jour même de mon mariage.

ROCHONNET.

Ah!... avant le bal ?

ABEILLE.

La fatalité !..

ROCHONNET.

Le fait est que c'est de la deveine. — (A Eusèbe.) Allons, remercie donc, toi!... dis donc quelque chose ! (Il le fait passer près d'Abeille.)

EUSÈBE, balbutiant *.

Madame... Certainement... Croyez que...

ROCHONNET.

C'est bien... en voilà assez !... (A Abeille, en allant à elle **.) Excusez-le... c'est l'émotion... Il n'a pas, comme moi, l'habitude...

ABEILLE, sentimentalement.

Précieuse timidité !... Mais, pardon, voici mon raisin... (A un commissionnaire qui sort de l'embarcadère avec un panier.) Portez cela jusqu'à une voiture... nous vous suivons.

GEORGINA, bas, à Abeille.

Comment !... tu n'attends pas Adrien ?

ABEILLE, bas.

Ah ! tu m'ennuies avec Adrien !... Je ne me soucie pas qu'on me voie avec lui !

GEORGINA, à part.

Je comprends !

ABEILLE.

Au revoir donc, monsieur Eusèbe !...

EUSÈBE, saluant.

Madame...

ABEILLE, faisant la révérence.

Monsieur Rochonnet, un bon voyage !

ROCHONNET.

Mesdames, votre très-humble de tout mon cœur ; jusqu'à l'avantage de vous revoir !

ABEILLE, à part.

Ils sont pincés !

ROCHONNET.

Permettez-moi, belle dame, de vous offrir la main jusqu'à votre voiture.

* Roch. Eus. Ab. Geor. Cor.
** Eus. Roch. Ab. Geor. Cor.

ENSEMBLE.

Air des *Lorettes* (MIMI-BAMBOCHE.)

ABEILLE, GEORGINA ET CORINNE.

Partons vite,
Car au gîte
C'est l'heure de revenir.
Ce voyage
Est le gage
D'un heureux souvenir.

ROCHONNET ET EUSÈBE.

Partez vite,
Puisqu'au gîte
C'est l'heure de revenir.
Ce voyage
Me présage
Un heureux avenir.

(Abeille, Georgina et Corinne s'éloignent par la droite, suivies par Rochonnet et Eusèbe, qui les reconduisent en les saluant, et disparaissent avec elles.)

SCÈNE V.

ADRIEN, sortant du café, puis ROCHONNET et EUSÈBE.

ADRIEN, regardant sa montre.

Onze heures dix-neuf... le train ne doit pas tarder à... (Au premier employé qui passe.) Eh bien, dites donc, et l'express?...

PREMIER EMPLOYÉ *.

Il est arrivé.

ADRIEN.

Ah!

PREMIER EMPLOYÉ.

Depuis dix minutes.

ADRIEN, stupéfait.

Hein! Comment!... Et Abeille?... Vous n'avez pas vu Abeille?

PREMIER EMPLOYÉ.

Abeille?...

ADRIEN.

Une jolie brune... taille de guêpe.

PREMIER EMPLOYÉ.

Connais pas!...

ADRIEN.

Peut-être est-elle encore au bureau des bagages!... Courons vite! (Il s'élance à gauche.)

DEUXIÈME EMPLOYÉ, arrivant du fond, à gauche, avec une grosse malle sur l'épaule.

Gare!...

* Premier emp. Adr.

ADRIEN, heurté.

Oh ! sapristi !... je n'ai pas de chance à ce jeu-là !... Ah ! elle est mauvaise !... (Il sort par le fond, à gauche.)

EUSÈBE, revenant avec son oncle par la droite *.

Partie déjà !...

ROCHONNET.

Voilà une femme très comme il faut !

EUSÈBE.

Oh ! oui, mon oncle !

ROCHONNET.

Excellent cru... premier numéro !... J'ai vu ça du premier coup d'œil... Voilà ce que c'est que de connaître Paris !

Air de *l'Etude*.

Ce n'est pas moi que l'on enfonce,
Vois-tu, garçon, j'ai le nez fin ;
Du premier coup je me prononce :
Les femmes, c'est comme le vin.
J' distingu' le bon de la piquette,
Sans êtr' dans la nécessité
De goûter deux fois un' feuillette
Pour en juger la qualité.
Je n' goûte pas deux fois un' feuillette
Pour juger de sa qualité.

Cette petite femme-là sent le faubourg Saint-Germain d'une lieue.

EUSÈBE, tirant une carte de sa poche et lisant.

« Madame Abeille de Vellarius. »

ROCHONNET.

Une Hongroise !... C'est donc ça qu'elle avait des gants de Suède.

EUSÈBE, lisant.

« 15, rue Bréda. »

ROCHONNET.

Rue Bréda !... plein faubourg Saint-Germain !... C'est une bonne connaissance à cultiver... et moi-même, si j'étais pour plus de temps à Paris... Eh ! eh !

EUSÈBE.

Comment ! vous, mon oncle ?...

ROCHONNET.

Eh bien, pourquoi donc pas? eh bien, pourquoi donc pas? Tu as beau rire, j'ai encore bon pied, bon œil... (Changeant de ton.) Mais avec tout ça, on n'apporte pas nos bagages.

EUSÈBE.

Si nous allions nous informer?

ROCHONNET.

Un moment !... Prenons d'abord quelque chose... je meurs de soif... Justement, voici un café !... (Allant au café et s'asseyant à une table.) Garçon !

* Roch. Eus.

LE GARÇON, entrant.

Voilà, monsieur ! .. Qu'est-ce qu'il faut vous servir ?

ROCHONNET.

Une bouteille de bière.

LE GARÇON.

Une chope ? une canette ?...

ROCHONNET.

Je te dis une bouteille... et deux verres !

LE GARÇON.

Bon ! Alors, une canette ! (Il sort.)

ROCHONNET.

Qu'est-ce qu'il me chante, ce canard-là, avec sa canette ?

EUSÈBE, s'asseyant.

Ne vous fâchez pas !... Peut-être qu'à Paris...

LE GARÇON, revenant avec une bouteille qu'il pose sur la table.

La bière demandée.

ROCHONNET.

La !... Tu vois bien que c'est une bouteille.

LE GARÇON.

Une bouteille, oui, mais c'est une canette.

ROCHONNET.

Encore !... Ah çà ! et des échaudés ? On sert toujours des échaudés.

LE GARÇON.

Nous avons des biscuits, des croquets.

ROCHONNET.

Je ne te parle pas de croquets, je te demande des échaudés.

LE GARÇON.

Ah ! bon !... Nous n'en avons pas.

ROCHONNET.

Alors, il n'en faut pas !

LE GARÇON, à part.

Est-il drôle avec ses échaudés !

ROCHONNET.

Pas d'échaudés !... Qu'est-ce qui m'a fichu un café comme ça !... (Au garçon.) Voilà dix sous, rends-moi.

LE GARÇON

C'est encore quarante centimes.

ROCHONNET.

Comment !... pour une bouteille de bière ?

LE GARÇON.

Une canette !... Dix-huit sous la canette !

ROCHONNET.

Quels brigands que ces Parisiens !...

EUSÈBE.

Mon oncle !...

ROCHONNET, donnant encore de l'argent.

Prends, et laisse-moi en repos.

LE GARÇON.

N'oubliez pas le garçon !...

ROCHONNET.

Va-t'en au diable ! (Le garçon sort.) Et nous, buvons ! (Il verse.) A ta santé, mon garçon !

EUSÈBE.

A la vôtre, mon oncle ! (Ils trinquent et boivent.)

SCÈNE VI.

LES MÊMES, MUGUETTE, arrivant par la droite et portant une petite caisse en bois blanc.

MUGUETTE, à elle-même *.

Ah !... m'y voici !... ce n'est pas malheureux !... (Traversant le théâtre et s'adressant à un employé.) Pardon, monsieur, c'est pour une caisse à faire inscrire... une robe de noces que j'envoie à Mongeron.

PREMIER EMPLOYÉ, brusquement.

Le bureau est fermé.

MUGUETTE.

Ah !... comme ça se trouve !... un objet pressé !

PREMIER EMPLOYÉ, à part.

Tiens ! elle est gentille ! (Haut.) Attendez un instant, ma petite dame... je viendrai vous prévenir dès qu'il ouvrira. (Il sort par la gauche.)

MUGUETTE.

Merci !... (A part.) Ma petite dame !... Mademoiselle, s'il vous plaît. (Elle pose sa caisse à terre.)

ROCHONNET, se levant et à Eusèbe.

Maintenant, reste là... je vais m'occuper de notre malle. (Il se dirige vers la gauche.)

MUGUETTE, le voyant et poussant un cri.

Ah !...

ROCHONNET, s'arrêtant.

Hein !... quoi ?...

MUGUETTE.

Monsieur Rochonnet !...

ROCHONNET.

Mon nom !... vous me connaissez ?

MUGUETTE.

Mais oui... Regardez-moi donc ! Muguette... la petite Muguette.

EUSÈBE, se levant vivement.

Muguette !

MUGUETTE.

La fille à Thibaut, le tonnelier.

ROCHONNET.

Qui me fournissait des futailles ! Ah bah ! c'est toi ?

* Premier emp. Mug. Roch. Eus.

MUGUETTE.

Vous ici... à Paris?

ROCHONNET.

Avec mon neveu... Eusèbe Chambly.

MUGUETTE, avec émotion.

Monsieur Eusèbe!... avec qui je jouais quand nous étions des mioches... des petits mioches?

EUSÈBE.

Eh oui! eh oui! c'est moi!

ROCHONNET.

Eh oui! eh oui! c'est lui!

MUGUETTE, allant à Eusèbe.

Ah! comme il est grandi, changé!

ROCHONNET *.

Eh bien, et toi donc! Tu as pris quelques heureux développements!

EUSÈBE.

A ton avantage. (Se reprenant.) C'est-à-dire à votre...

MUGUETTE.

Bah! dites-moi *tu*, comme autrefois, si ça vous est plus commode.

EUSÈBE.

Cette bonne petite Muguette!...

MUGUETTE.

Dire qu'il y a huit ans que nous ne nous sommes vus! Comme ça file!

EUSÈBE.

J'avais quatorze ans.

MUGUETTE.

Moi, douze, quand j'ai quitté le pays...

EUSÈBE.

Pour venir en apprentissage...

MUGUETTE.

A Paris, chez une grande couturière, à qui votre brave et digne mère m'avait recommandée!... Dame! nous ne roulions pas sur les pierres fines... Mon pauvre père venait de mourir, j'avais des frères, des sœurs...

ROCHONNET.

Et maintenant, qu'est-ce que tu fais?

MUGUETTE, gaiement.

Moi, je fais toujours des robes... Mais, pour mon compte à présent.

EUSÈBE.

Vraiment, tu es établie?...

MUGUETTE, tirant des adresses de sa poche.

Mademoiselle Muguette Thibaut, rue de Provence, nº 4.

* Roch. Mug. Eus.

Plus que ça de genre! La patronne m'a cédé sa clientèle... j'ai des ouvrières...

ROCHONNET.

Tu as donc fait fortune?...

MUGUETTE.

Pas encore... mais j'espère que ça viendra... la fortune... et le reste... J'ai de belles pratiques, des femmes du monde... et même du quart de monde.

EUSÈBE.

Du quart de monde?...

MUGUETTE.

Oui... des pêches... à soixante-quinze centimes.

ROCHONNET.

Des pêches!... Tu habilles des pêches?

MUGUETTE.

C'est un mot de Paris... (Riant.) Je ne vous demande pas votre pratique; mais c'est égal, prenez toujours mon adresse. (Elle leur donne à chacun une carte.)

EUSÈBE.

Certainement... avec plaisir!

ROCHONNET.

Nous te recommanderons à nos connaissances, car on a des connaissances huppées.

MUGUETTE.

A Beaune?

ROCHONNET.

Du tout!... à Paris... des femmes très-bien, avec qui nous avons voyagé en wagon, depuis Fontainebleau.

MUGUETTE.

Ah! vraiment!.. Mais, dites donc, qu'est-ce qui vous amène ici?

EUSÈBE.

Je viens suivre mon cours de droit, passer mes examens.

ROCHONNET.

Et moi le piloter un peu avant de retourner à Beaune.

MUGUETTE.

Comment, vous allez le laisser seul à Paris?

ROCHONNET.

Pourquoi pas?

MUGUETTE.

Hum!... Paris est un endroit très-périlleux pour les fils de famille.

ROCHONNET.

Laisse-moi donc tranquille!... Je suis un vieux malin, on ne nous pincera pas notre sac.

MUGUETTE.

Ne pas s'y fier!

ROCHONNET.

Tu dis?

MUGUETTE.

Je dis... ne pas s'y fier! Savez-vous ce que c'est que Paris?

ROCHONNET.

Parbleu! si je le sais!... j'y suis venu il y a trente ans.

MUGUETTE.

Oui... mais lui, il ne le sait pas.

Air du *Pas styrien*.

C'est une ville
Tranquille,
Où la vie est facile.
Mais gare
A qui, dans la bagarre,
S'égare!
Les fleurs, je le déclare,
Souvent
Vous cachent le serpent.
L'ami qui, sans cesse,
Dans ses bras vous presse,
Crac!
Avec adresse
Pince votre sac!
L'homme qui vous prête,
Puis qui vous arrête,
Crac!
Par une traite
Pince votre sac!
Un bon vivant à dîner vous invite;
On ingurgite
Beaune ou Laffitte;
Puis, au dessert, au jeu l'on vous excite...
Par ce mic-mac
On pince votre sac!
Devenez-vous l'heureux Sigisbé
D'une jeune et blonde Hébé,
Qui vous dit: « Mon gros bébé! »
Par ce mot vous êtes gobé,
Et, sous le joug courbé,
Vous criez, joyeux:
« C'est un ange radieux!»
Mais de l'ange ayez le trac:
Il vous pincera votre sac!
C'est une ville
Tranquille,
Où la vie est facile;
Mais gare
A qui, dans la bagarre,
S'égare!
Les fleurs, je le déclare,
Souvent
Vous cachent le serpent!

ROCHONNET.

Bah! bah! tout ça c'est des contes à l'usage des provinciaux!... D'ailleurs, les Rochonnet ne sont pas des imbéciles, je m'en flatte.

MUGUETTE.

Allez, il y a à Paris des femmes fièrement rusées... Les pêches dont je vous parlais tout à l'heure...

ROCHONNET.

Des pêches!... Ah! oui! (A part.) Comprends pas!

MUGUETTE.

Ah! comme elles vous embobinent les innocents!

ROCHONNET.

Tu crois ça?

MUGUETTE.

Monsieur Eusèbe, faudra quelquefois venir me voir.

EUSÈBE.

Comment donc, Muguette! souvent, très-souvent.

MUGUETTE.

Une femme, même honnête, est toujours plus maligne qu'un homme... même que deux... c'est dans le sang... J'ai appris bien des petites choses... en portant des robes chez nos belles dames. Je vous donnerai des conseils; je vous ferai un brin de morale, un petit brin de morale.

ROCHONNET.

Et tu feras bien!... La morale, ça ne gâte rien.

MUGUETTE, avec sentiment.

Et puis, nous parlerons de notre enfance, du pays, de votre excellente mère à qui je dois tout... sans compter ce bon nononcle Rochonnet.

ROCHONNET, criant pour cacher son émotion.

Ah! ne nous attendrissons pas!

MUGUETTE.

Non!... — Dites-donc, et Marie-Jeanne, est-ce qu'elle est encore de ce monde?

ROCHONNET.

Qui, Marie-Jeanne?... la gardeuse de dindons?

MUGUETTE.

Eh non! votre ânesse, sur le dos de qui je galopais autrefois?

ROCHONNET.

Mon ânesse!... Ah! non!... elle est trépassée depuis six mois.

MUGUETTE.

Ah! pauvre bête!

ROCHONNET, criant.

Ne nous attendrissons pas!

MUGUETTE.

Non! — (A Eusèbe.) Enfin, nous chanterons ensemble les rondes *bourguignottes*, les noëls du pays.

EUSÈBE.

Tu t'en souviens encore?

MUGUETTE.

Pardi! si je m'en souviens... (Chantant sans accompagnement.)

Tra la, la, la, la...

ROCHONNET.

C'est ça !... c'est ma foi ça !

MUGUETTE.

Air nouveau de M. Delibes.

Les vignerons
De la Bourgogne,
Et gogne, et gogne, et gogne;
Les vignerons de la Bourgogne
Sont de bons,
De bons vignerons !

ENSEMBLE.

Les vignerons de la Bourgogne, etc.

MUGUETTE.

PREMIER COUPLET.

Dans l'pays des raisins,
Pour qu' la gaieté s'éveille ..

ROCHONNET.

Sur les coteaux voisins,
Dieu mit la grappe vermeille.

EUSÈBE.

Dieu mit la grappe vermeille!

MUGUETTE.

Pressez-la donc, } *bis.*
Et buvez donc! }

ENSEMBLE.

Et digue, digue, don!

MUGUETTE.

Les vignerons de la Bourgogne, etc.

REPRISE ENSEMBLE.

Les vignerons de la Bourgogne, etc.

MUGUETTE.

DEUXIÈME COUPLET.

Dans les treill's du coteau,
Notre chagrin s'échappe.

ROCHONNET.

Les méchants boiv'nt de l'eau...
Les bons seuls aim'nt la grappe.

EUSÈBE.

Les bons seuls aim'nt la grappe!

MUGUETTE.

Pressez-la donc, }
Et buvez donc ! } *bis.*

ENSEMBLE.

Et digue, digue, don!

MUGUETTE.

Les vignerons de la Bourgogne, etc.

REPRISE ENSEMBLE.

Les vignerons de la Bourgogne, etc.

(Sur la reprise de l'ensemble, ils se mettent à danser à la manière des paysans; plusieurs employés, attirés par le bruit, s'attroupent autour d'eux.)

PREMIER EMPLOYÉ *.

Eh bien, dites donc, ne vous gênez pas!

ROCHONNET.

Pourquoi donc que je me gênerais?... Est-ce qu'il est défendu de danser à c'tt' heure ?... (Eusèbe le calme.)

PREMIER EMPLOYÉ, à Muguette.

C'est vous qui aviez quelque chose à envoyer?

MUGUETTE.

Ah! oui... une robe de mariage... (Elle reprend sa caisse.)

PREMIER EMPLOYÉ, prenant la caisse.

Donnez-moi ça, je vas vous indiquer le bureau.

MUGUETTE, allant à Rochonnet**.

Votre servante, M. Rochonnet... (Lui tendant la main.) Et à bientôt M. Eusèbe.

EUSÈBE ***.

Oui, oui, j'irai te voir, je te le promets.

MUGUETTE.

Ah! je suis joliment contente de vous avoir rencontrés, allez!...

PREMIER EMPLOYÉ.

Venez-vous, ma petite dame?

MUGUETTE.

Mademoiselle!... (Tendant encore la main à Eusèbe.) Allons, au revoir!

EUSÈBE.

Au revoir!

ENSEMBLE.

Les vignerons
De la Bourgogne, etc.

(Muguette sort avec l'employé par le fond à gauche.)

* Mug. premier emp. Roch. Eus.
** Premier emp. Mug. Roch. Eus.
*** Premier emp. Mug. Eus. Roch.

SCÈNE VII.

EUSÈBE, ROCHONNET.

ROCHONNET.

Il est encore bon, cet autre, avec ses observations!... Il ferait bien mieux de nous apporter nos effets... Enfin, voyons, je vas les chercher. (Il remonte à gauche.)

EUSÈBE.

Je vous attends.

PREMIER EMPLOYÉ, revenant à Rochonnet qui s'apprêtait à sortir à gauche *.

Où allez-vous?

ROCHONNET.

Parbleu! je vais aux bagages.

PREMIER EMPLOYÉ.

Il fallait attendre dans la salle.

ROCHONNET.

Comment, attendre!... Et pourquoi ne m'a-t-on pas prévenu? Que diable! on prévient les voyageurs.

PREMIER EMPLOYÉ.

On a dû vous le dire comme aux autres.

ROCHONNET, s'échauffant.

Je vous dis qu'on ne m'a rien dit!

EUSÈBE.

Voyons, mon oncle, ne vous emportez pas!

ROCHONNET.

Ah! les chemins de fer!... quelle fichue invention! La diligence!... ah! ah!

PREMIER EMPLOYÉ, avec ironie.

Oh!...

ROCHONNET.

Oui, monsieur, je regrette la diligence; elle valait bien mieux... Elle mettait trois jours et deux nuits pour venir de Beaune à Paris, c'est vrai; mais on avait des égards pour les voyageurs!... On leur permettait de monter les côtes à pied, ce que vous ne faites pas... Moi, je me liais toujours avec le conducteur, parce qu'aux tables d'hôte...

PREMIER EMPLOYÉ.

Avez-vous au moins votre bulletin?

ROCHONNET.

Quel bulletin?... Je les ai donnés en arrivant.

PREMIER EMPLOYÉ.

Il n'est pas question de vos billets... je vous parle de votre bulletin de bagage.

* Premier emp. Roch. Eus.

ROCHONNET.

Ah! oui... (Se fouillant.) Où diable l'ai-je mis? Si je l'ai perdu, je rends l'administration responsable.

EUSÈBE.

Mais, mon oncle...

ROCHONNET.

Flanque-moi la paix!... (Retrouvant son bulletin.) Ah! le voici.

PREMIER EMPLOYÉ.

Venez, je vais vous conduire...

ROCHONNET.

Je n'ai besoin de personne!... Me prenez-vous pour un enfant?... (A Eusèbe.) Attends-moi là, je reviens. (A l'employé.) Je n'ai besoin de personne, entendez-vous?

PREMIER EMPLOYÉ, à part.

Quel enragé! (Rochonnet sort en grommelant par le fond à gauche, au moment où Adrien arrive par le premier plan à gauche.)

SCÈNE VIII.

ADRIEN, EUSÈBE, puis MUGUETTE.

ADRIEN, entrant précipitamment, et à part.

J'ai cherché aux bagages, dans la gare, au cabinet du télégraphe, partout!... pas d'Abeille! Où diable est-elle passée?

EUSÈBE, le voyant.

Ah! en voilà une chance... Adrien Biju!

ADRIEN.

Tiens! le petit Eusèbe... mon copin du collége de Dijon... (Lui tendant la main.) Bonjour cher!... *how do you do?*... Tu arrives?

EUSÈBE.

A l'instant, avec mon oncle... Je l'attends, il est allé chercher nos malles.

ADRIEN.

Est-ce que tu es pour longtemps à Paris?

EUSÈBE.

J'y viens pour finir mes études.

ADRIEN.

Alors nous nous reverrons?

EUSÈBE.

Certainement!

ADRIEN.

Je te formerai, je t'apprendrai la vie parisienne, je te procurerai mon tailleur... tu es mauvais de pantalon, mauvais de gilet, mauvais de col... pas de chic!... c'est Côte-d'Or en diable! Je te conduirai chez mes fournisseurs.

EUSÈBE.

Volontiers!

MUGUETTE, rentrant par le fond, à gauche, et s'arrêtant en les voyant. — A part *.

Tiens!... une rencontre!... (Elle se met à l'écart.)

ADRIEN.

Oh! nous la ferons bonne, mon gaillard!

MUGUETTE, à part.

La!... Qu'est-ce que je disais! ..

ADRIEN.

Tu viendras avec moi au pavillon d'Armenonville, je te présenterai chez Markowski!

EUSÈBE.

Markowski?

ADRIEN.

Un Polonais pour les soirées... Il y a des femmes... Tu feras tes frais.

MUGUETTE, à part.

Tâche!

EUSÈBE, étonné.

Comment, je?..

ADRIEN.

Dans le monde, on dit : faire ses frais... C'est chez Markowski que j'ai connu ma bonne amie... une cocotte insensée.

EUSÈBE.

Une cocotte?

ADRIEN.

Dans le monde, on dit : cocotte .. J'étais venu l'attendre au chemin de fer... mais elle n'arrive pas, et, ma foi, je file... (Lui tendant la main.) Je retourne au café Riche... God morning, my dear... Au revoir, cher!

EUSÈBE.

Oui... oui... au revoir!

MUGUETTE, à part.

Oh! je préviendrai l'oncle! (Adrien serre la main à Eusèbe, et sort par la droite. Muguette va pour s'éloigner, lorsqu'on entend un grand tumulte, au milieu duquel domine la voix de Rochonnet.)

MUGUETTE **.

Ah! mon Dieu! ce bruit...

EUSÈBE.

C'est mon oncle!... Qu'est-il encore arrivé?

* Mug. Ad. Eus.
** Mug. Eus.

SCÈNE IX.

MUGUETTE, au fond; EUSÈBE, ROCHONNET, arrivant par le fond à gauche, et se débattant au milieu des employés et de deux douaniers, qui cherchent à lui arracher sa malle.

ROCHONNET, furieux *.

Nom d'un petit bonhomme!... vous ne me visiterez pas!

PREMIER EMPLOYÉ.

Mais, monsieur, c'est l'usage.

ROCHONNET.

Je me moque de l'usage!... Il y a des malles que vous n'avez pas ouvertes... vous n'ouvrirez pas la mienne!

LES EMPLOYÉS.

Permettez...

ROCHONNET.

Je ne permets rien!... Me prenez-vous pour un contrebandier?... pour un Gaspard de Bess?

MUGUETTE, à part.

Il va s'attirer une mauvaise affaire!

PREMIER EMPLOYÉ.

Monsieur, je vous préviens que si vous résistez plus longtemps...

ROCHONNET.

Certainement que je résisterai!

PREMIER EMPLOYÉ.

On sera forcé de vous conduire au poste!

EUSÈBE.

Ah! ciel!

ROCHONNET.

Au poste!... Insolent!... (Il lui donne un soufflet.)

PREMIER EMPLOYÉ.

Un soufflet!... (On entend sonner la cloche annonçant un départ; des voyageurs arrivent par la droite avec leurs paquets.) Allez chercher la garde!... et qu'on empêche cet homme de sortir.

MUGUETTE, à part.

Que faire?

DEUXIÈME EMPLOYÉ, criant.

Les voyageurs pour Lyon?

MUGUETTE, à part.

Ah!... (Elle entre dans l'embarcadère.)

EUSÈBE **.

Mais, mon oncle, c'est la coutume.

ROCHONNET, posant sa malle à terre.

Laisse-moi tranquille!. Comment, il y avait à côté de moi une vieille dame... on ne l'a pas visitée... on lui a dit : « Ce n'est

* Mug. premier emp. Roch. Eus.
** Roch. Eus.

pas la peine! » Et on veut me visiter, moi!... Je suis donc un voleur?

EUSÈBE.

Mais enfin, la douane!...

ROCHONNET.

Je me fiche de la douane!... Je suis un honnête homme!

EUSÈBE.

Oui... Mais calotter un employé, c'est roide... On est allé chercher la garde!... On va vous mettre en prison, mon oncle!

ROCHONNET.

En prison!... Sac à papier! j'ai été un peu vif!

MUGUETTE, sortant de l'embarcadère, s'approchant de lui et lui remettant un billet. — Bas *,

Tenez, voilà un billet... repartez pour Beaune ..

ROCHONNET.

Repartir pour Beaune!... Mais, sac à papier! j'en arrive... et tu veux que j'y retourne?

MUGUETTE.

Sans ça, vous êtes coffré... Allons, filez!

ROCHONNET.

C'est une idée... Mais mon neveu?

MUGUETTE.

Je me charge de lui!

ROCHONNET.

Mais...

MUGUETTE.

Aimez-vous mieux qu'on vous arrête?

ROCHONNET.

Non!

MUGUETTE, le poussant.

Eh bien, filez! (Rochonnet se glisse dans la foule et entre dans l'embarcadère avec les voyageurs.)

SCÈNE X.

MUGUETTE, EUSÈBE, COMMISSIONNAIRES, CRIEURS.

EUSÈBE.

Comment! il s'en va!... Eh bien, et moi, que vais-je devenir, seul, au milieu de Paris que je ne connais pas?

MUGUETTE, s'approchant.

Me voilà, moi!

EUSÈBE.

Muguette!

MUGUETTE.

Il faut d'abord vous trouver un hôtel, et j'ai votre affaire...

* Mug. Roch. Eus.

EUSÈBE.

Toi?

MUGUETTE.

Allons, prenez mon bras.

EUSÈBE.

Comment!... Moi?

MUGUETTE.

C'est clair... puisque je vous conduis.

PREMIER COMMISSIONNAIRE, s'approchant.

Faut-il une voiture?

MUGUETTE.

Inutile! (Montrant la malle qui est restée à terre.) Prenez seulement cette malle. (A Eusèbe.) Partons!

EUSÈBE, lui prenant le bras.

Partons!

MUGUETTE.

Le guide de l'étranger dans Paris! (Ils s'éloignent par la droite. Le premier commissionnaire* les suit en portant la malle. Les autres commissionnaires et les crieurs les regardent partir en riant. — Le rideau baisse.)

ACTE DEUXIÈME.

A L'HOTEL CORNEILLE.

Chambre d'étudiant servant de salon. — Au fond, la porte d'entrée. — Portes latérales. — Rayons de bibliothèque. — Une commode au fond, à gauche. — Sur la commode, un buste de Démosthènes et un pot à tabac. — A droite, une cheminée garnie de ses accessoires. — Du même côté, sur le devant, un fauteuil. — A gauche, un guéridon, sur lequel il y a un couvert pour deux personnes. — Chaises, râtelier de pipes.

SCÈNE PREMIÈRE.

MUGUETTE, EUSÈBE, finissant de déjeuner autour du guéridon.

ENSEMBLE.

Air de DELIBES.

Versons (*bis*)
En vrais bons garçons,
Tous deux (*bis*) déjeunons;
Et, sans façons,
Tous deux égayons
La fête par des chansons!

MUGUETTE.

L'amitié seul' nous réunit :
A deux on a plus d'appétit.

EUSÈBE.

Pas de champagne! c'est affreux!

MUGUETTE.

Pour vous le bordeaux est bien mieux!
Ce p'tit bordeaux au cœur est doux.
(Lui versant à boire.)
Glougloux, glougloux! (*bis*)

ENSEMBLE.

Versons, etc.

MUGUETTE, buvant.

A votre santé!... (Allant chercher un plat sur la commode.) Maintenant, les légumes.

EUSÈBE, avec humeur.

Des haricots!... toujours des haricots!... Le gargot devrait bien varier son répertoire. Trop de flageolets à la clef!

MUGUETTE, la bouche pleine.

La sobriété, jeune homme, la sobriété!... Repassez-moi les radis.

EUSÈBE.

Mais quelle mauvaise idée tu as eue de me loger ici... à l'hôtel Corneille?... Un couvent, une vraie chartreuse!

MUGUETTE, croquant des radis.

C'est exprès.

EUSÈBE.

Où l'on ne peut rentrer passé minuit!

MUGUETTE.

C'est exprès.

EUSÈBE.

Où les femmes sont supprimées... excepté toi.

MUGUETTE.

Moi! Est-ce que je suis une femme?

EUSÈBE.

Dame! je crois...

MUGUETTE.

Je suis un bon garçon... un camarade.

EUSÈBE.

Enfin, je voudrais déménager... un hôtel où tout visage féminin est consigné à la porte.

MUGUETTE.

Eh bien!... qu'est-ce que ça vous fait?

EUSÈBE.

Comment!... ce que ça me fait?...

MUGUETTE, mangeant.

Eh!... mon pauvre ami... les femmes, si vous saviez ce que c'est... Quelle mauvaise affaire pour un jeune homme!

EUSÈBE.

Pourtant...

MUGUETTE, se levant, avec solennité.

Eusèbe, voudriez-vous rater votre avenir? Et votre oncle, et le Dijonnais qui, du haut de la Côte-d'Or, vous contemple?

EUSÈBE.

Ah! je m'en fiche pas mal du Dijonnais!

MUGUETTE, se rasseyant.

Les femmes!... malheureux!... à votre âge?

EUSÈBE.

Ah! c'est si gentil les femmes

MUGUETTE.

Beuh! beuh!

EUSÈBE.

Ça a de grands yeux qui vous troublent, des sourires qui vous prennent là, des petits pieds qui vous trottent dans la tête et des parfums qui vous enivrent!... Oh! les femmes!...

MUGUETTE.

Beuh! beuh!

EUSÈBE.

Tes conseils sont très-bons... Oh! je les apprécie, va... Mais...

MUGUETTE.

Je réponds de vous à votre oncle... Vous m'êtes confié; ainsi, j'ai une mission à remplir.. (Le servant.) Tenez, voilà des flageolets, ça vous calmera... Petits flageolets pour calmer petit jeune homme.

EUSÈBE, se levant.

Je n'ai plus faim.

MUGUETTE, se levant aussi.

Les femmes!... pour vous laisser entortiller, n'est-ce pas?... pour faire des folies?...

EUSÈBE.

Oh! ça doit être si bon... de faire des folies!

MUGUETTE.

Air de *Fanfare le Trompette*.

Ah! méfiez-vous, méfiez-vous des p'tit's dames,
De leur manége et de leurs airs câlins!..
Méfiez-vous-en... car la plupart des femmes
Vous font jouer des rôles de pantins.
Soyez prudent! A l'hameçon
Ne mordez pas, pauvre petit goujon;
Car le beau sexe est bien coquin...
Enfant, craignez son œil américain.
Prêtez l'oreille à mes sages avis,
Pour éviter les piéges de Paris.
Je dis du mal des femm's... et je le puis...
Oui, je le puis,
Mon cher, puisque j'en suis.

EUSÈBE.

Se peut-il, Muguette,
Qu'un être enchanteur
Nous tourne la tête
Pour nous briser l' cœur?

MUGUETTE.

Sourires et larmes,
Grâce... et cætera...
Ell's ont tous les charmes,
Mais ell's n'ont pas d' ça.
(Elle montre son cœur.)
L'une vous trahira,
L'autre vous ruinera,
Et puis, après cela,
On vous plantera là !
Ah! méfiez-vous, méfiez-vous de p'tit's dames, etc.

(Adrien Biju entre par le fond.)

SCÈNE II.

LES MÊMES, ADRIEN.

ADRIEN. Il est coiffé d'un chapeau hongrois, nouvelle mode *.

Bonjour, cher !

EUSÈBE.

Biju !...

ADRIEN.

Tiens !... la couturière !... Bonjour, mademoiselle Muguette Thibaut !

MUGUETTE, d'un ton brusque.

Bonjour ! (Elle lui tourne le dos et remonte vers la droite.)

ADRIEN, regardant le guéridon.

Tu as donc le temps de déjeuner, toi?

EUSÈBE.

Oui...

ADRIEN **.

Moi, pas le temps !... J'ai croqué une aile de perdreau chez Bignon... en courant. — Je suis allé aux courses du bois de Boulogne.

EUSÈBE, avec envie.

Tu es allé aux courses ?...

ADRIEN.

Un monde fou !... Elles y étaient toutes... Oh ! des toilettes! Ah çà ! tu ne sors donc pas, toi ?

EUSÈBE.

Mais si... je...

MUGUETTE, qui a fureté sur la cheminée, trouvant une petite carte.

Mais si fait, vous sortez !... Qu'est-ce que c'est que ça ?...

* Mug. Ad. Eus.
** Ad. Eus. Mug.

EUSÈBE.

Ça ?...

MUGUETTE.

Oui... le petit carton que je tiens là ?

EUSÈBE.

Je ne sais pas.

MUGUETTE.

C'est une contre-marque... Théâtre des Variétés... un théâtre où l'on joue des pièces à femmes.

ADRIEN, qui s'est assis.

Aïe !... tu es pincé.

MUGUETTE.

Pincé ! — Qu'entendez-vous par là ?... M. Chambly est parfaitement libre... (Insistant.) parfaitement libre.

EUSÈBE.

Ah ! oui !...

ADRIEN, se levant.

Tu es libre ?... Alors, je t'emmène ce soir.

MUGUETTE.

Où ça ?...

ADRIEN.

Chez une petite dame.... Marguerite Tournesol... une Anglaise... femme charmante !... On taillera un baccarat.

EUSÈBE.

Un baccarat ?... Quel bonheur !

MUGUETTE, qui range des livres sur la cheminée.

Vous savez bien que vous ne pouvez pas y aller...

EUSÈBE.

Ah !

MUGUETTE.

Et votre examen à préparer ?...

EUSÈBE, bas, à Adrien.

Que tu es bête ! devant elle...

ADRIEN, bas.

C'est donc ta maîtresse ?...

EUSÈBE, bas, avec humeur.

Eh ! non... elle s'est impatronisée... par reconnaissance pour ma famille.

MUGUETTE, prenant un Code et s'asseyant dans le fauteuil.

Avec ça, que c'est amusant, les cartes... Attendre un sept... ou un neuf... toute une nuit...

ADRIEN.

Si encore ils venaient, les malheureux !... on les attendrait... Enfin, tu ne m'accompagnes pas ? (Eusèbe lui fait signe de se taire en lui montrant Muguette. — Adrien bas.) Compris ! (Il s'assied près du guéridon. — Un silence. Muguette chante en parcourant le Code.)

MUGUETTE, chantant.

Vous qui n'avez jamais que des songes de rose,
Marguerite, fermez les yeux.

ADRIEN, chantant aussi en frappant sur ses bottes avec son styk et en regardant Muguette du coin de l'œil.

Vous qui n'avez jamais que des songes de rose...

EUSÈBE, finissant l'air en guettant Muguette.

Marguerite, fermez les yeux.

ADRIEN, bas.

Ah çà! mais... c'est une gêneuse, cette femme-là...

EUSÈBE, à lui-même.

Oh! oui...

ADRIEN, bas.

Elle dévore le Code civil... se destinerait-elle à la veuve et à l'orphelin?...

MUGUETTE, chantonnant.

Pon, pon, pon, pon, pon... Mon Dieu!... messieurs... vous ne dites rien... est-ce que je vous gêne?

EUSÈBE, d'une voix faible.

Oh! non.

ADRIEN, à part.

Elle est bonne, la couturière!...

MUGUETTE, d'une voix mielleuse, se levant.

Oh! c'est que je ne veux pas être indiscrète... Causez, messieurs .. Moi, je vais voir s'il ne manque pas des boutons à vos chemises.

EUSÈBE, doucement.

Je crois qu'il en manque quelques-uns... Je ne sais pas comment je fais, mais je les casse toujours.

MUGUETTE, passant à gauche.

Je vais vérifier... (A part.) Ils veulent m'éloigner, c'est clair!... Oh! ce Biju!... il me déplait... Je le camperai à la porte. (Elle entre à gauche.)

SCÈNE III.

ADRIEN, EUSÈBE.

EUSÈBE.

Ouf!

ADRIEN, se levant.

Ah çà! mais elle t'encroûte... elle te met des lisières!... Ah!... mon pauvre ami... mais la vie parisienne te réclame... et les femmes donc!... Lance-toi... dégourdis-toi...

EUSÈBE, mystérieusement.

Je me dégourdis.

ADRIEN.

Bah!... Malgré ton guide?

EUSÈBE.

Oui... Une femme!... un ange!...

ADRIEN.

Allons donc!...

EUSÈBE.

Elle vient ici...

ADRIEN.

Ici!... Mais les demoiselles sont supprimées... comme au concert Musard.

EUSÈBE.

Elle vient.

ADRIEN.

Comment?

EUSÈBE.

Je te raconterai ça plus tard, mon ami... Un ange!

ADRIEN.

Et moi aussi, je suis aimé d'un ange!

EUSÈBE.

Quel bonheur! nous sommes aimés de deux anges!... (Ils se serrent la main.) Grands yeux noirs...

ADRIEN, riant.

Comme moi.

EUSÈBE.

Cheveux châtains...

ADRIEN.

Comme moi.

EUSÈBE.

Petite...

ADRIEN.

Comme moi.

EUSÈBE.

Et faite!...

ADRIEN.

Comme moi.

EUSÈBE.

Oh! non, pas comme toi!

ADRIEN, riant.

Ah! qu'elle est amusante!... (Ils se mettent à rire.)

EUSÈBE, à part.

Pauvre petite! Hier encore elle m'a envoyé ce souvenir d'amour... qu'elle a tissé pour moi de ses mains blanches. (Il tire un porte-cigares de sa poche.)

ADRIEN, à part, tirant aussi un porte-cigares de la poche de sa jaquette.

Voici ce qu'elle a brodé pour moi, de ses blanches mains.

TOUS DEUX, à part, en couvrant de baisers chacun son porte-cigares.

Chère Abeille! (Muguette paraît.)

SCÈNE IV.

LES MÊMES, MUGUETTE, rentrant par la gauche.

A la vue de Muguette, ils cachent vivement leurs porte-cigares, et se remettent à chantonner.)

ADRIEN, chantant *.

Vous qui n'avez jamais que des songes de rose...

EUSÈBE, chantant.

Marguerite, fermez les yeux!...

MUGUETTE, les observant et chantant.

Vous qui n'avez toujours que des songes de rose...

ENSEMBLE.

Marguerite, fermez les yeux!

ADRIEN, à part.

Oh! elle est mauvaise!

MUGUETTE, à part.

Qu'est-ce qu'ils faisaient? qu'est-ce qu'ils faisaient?

ADRIEN.

Je m'en vais... (Saluant.) Mademoiselle... (Allant à Eusèbe.) Adieu, cher! (Bas.) Je vais rejoindre mon idole.

EUSÈBE, bas.

Et moi aussi. (Adrien passe à droite.)

MUGUETTE, à part **.

Ils se parlent bas... Avoir l'œil! avoir l'œil!...

EUSÈBE.

Ma chère Muguette, je ne te retiens plus... Je vais m'habiller pour aller au cours...

ADRIEN, à part.

Pauvre garçon!... ça n'est pas une couturière, cette femme-là... c'est un garde du corps.

ENSEMBLE.

Air de MUSARD.

L'heure du cours m'appelle,
l'appelle,
Ici c'est assez bavarder;
Il faut montrer du zèle,
Et s'habiller sans plus tarder.

(Adrien sort en riant par le fond. — Eusèbe, pendant le chœur, a jeté sa jaquette sur le guéridon, et sort par la gauche.)

* Ad. Mug. Eus.
** Mug. Eus. Ad.

SCÈNE V.

MUGUETTE, *seule*.

Oh! oui, je le consignerai... ce M. Biju... Pour qu'il entraîne Eusèbe dans des orgies... minute! minute! (*Regardant autour d'elle.*) Quel désordre! Oh! ces jeunes gens... si on n'était pas là pour ranger... Tenez, sa jaquette dans un pot de confitures... (*Elle relève la jaquette et la plie.*) Tiens! qu'est-ce que je sens donc dans la poche?... Un corps dur... un porte-cigares... brodé... avec son chiffre... Ce petit meuble m'était inconnu. Ah bah! il aura acheté ça sur ses économies! (*Elle met le porte-cigares dans sa poche. La porte du fond s'ouvre brusquement. Abeille paraît. Elle est en homme, tenue d'étudiant, petit paletot, col rabattu, chapeau hongrois.*)

SCÈNE VI.

MUGUETTE, ABEILLE.

ABEILLE, *entrant par le fond.*

Oh!

MUGUETTE, *se détournant.*

Hein?...

ABEILLE, *à part.*

Une femme!

MUGUETTE.

Un jeune homme!...

ABEILLE, *d'un air résolu.*

Monsieur Eusèbe Chambly?

MUGUETTE.

Il n'y est pas pour le moment.

ABEILLE.

J'attendrai. (*Elle s'assied dans le fauteuil.*)

MUGUETTE, *à part.*

Qu'est-ce que c'est que petit-là?... (*Haut.*) Qu'est-ce que vous lui voulez?

ABEILLE.

J'ai à lui parler.

MUGUETTE.

Oh! lui ou moi, c'est la même chose.

ABEILLE.

Vous êtes mademoiselle Muguette?... (*Avec ironie.*) Son Mentor, son Égérie?...

MUGUETTE.

Oui... Et vous êtes un de amis?.. (*Le regardant attentivement.*) Monsieur est étudiant?

ABEILLE.

Oui.

MUGUETTE, soupçonneuse.

De première année?...

ABEILLE, saluant.

De première année. Je suis son ami Adrien...

MUGUETTE.

Ah bien! si vous êtes son ami Adrien, vous pouvez entrer... il est là... (Elle montre la porte de gauche.)

ABEILLE, se levant et faisant un pas vers la chambre.

Ah!

MUGUETTE *.

Il s'habille...

ABEILLE.

Ah!... (Elle s'arrête.)

MUGUETTE.

Bah! vous pouvez entrer... entre hommes!...

ABEILLE.

Oh! ma foi, tenez, je préfère le laisser s'habiller.

MUGUETTE.

Ah!

ABEILLE.

Je vais faire une cigarette... Y a-t-il du tabac?

MUGUETTE, la regardant et lui montrant le buste placé sur la commode.

Le pot est à côté de Démosthènes.

ABEILLE.

Ah! très-bien. (Elle prend le pot à tabac, ôte son gant et se met à rouler une cigarette en chantonnant.)

MUGUETTE, à part.

Il chantonne? Je chantonnais aussi tout à l'heure. (S'approchant.) Ah!

ABEILLE, se retournant.

Quoi?...

MUGUETTE.

Rien. (A part.) Une bague au troisième doigt de la main droite... ça sent la chair fraîche! Nous allons voir... (Toussant.) Hum!... hum!... Il fait chaud aujourd'hui...

ABEILLE.

Très-chaud... Est-ce qu'il sera longtemps?

MUGUETTE.

Je ne sais pas.

ABEILLE.

Où sont les allumettes?

MUGUETTE.

Sous Démosthènes.

ABEILLE, cherchant sous le buste.

Ah! les voilà! (Elle allume sa cigarette.)

MUGUETTE, allant vivement prendre le gant, à part.

Il gante six et quart... Hum!... hum!... (Haut, après un si-

* Ad. Mug.

lence.) Ah ! mon Dieu, qu'il fait chaud ! .. Jeune homme, avec les amis d'Eusèbe, je ne me gêne pas... (Minaudant.) Je suis un garçon, moi... (A part.) Pourquoi ne me dit-il pas que je suis une jolie femme? (Haut.) Vous permettez que j'ôte mon fichu ? (Elle l'ôte.)

ABEILLE, sans se détourner.

Faites donc ! faites donc !

MUGUETTE.

Que je dégrafe un peu... mon corsage ?

ABEILLE, de même.

Faites donc ! faites donc !... (Elle s'assied près du guéridon.)

MUGUETTE.

Ah ! j'étouffe !...

ABEILLE.

Votre corset est trop serré... probablement.

MUGUETTE.

Oh ! non... Voyez plutôt... (Elle fait jouer la baleine par en haut. — A part.) Il ne regarde pas !... C'en est une ! Nous allons voir ! (Haut.) Satanée agrafe, va !... c'est emmêlé... Jeune homme, seriez-vous assez aimable pour ?...

ABEILLE, se levant.

Volontiers !... Tenez, ce n'est pas plus difficile que ça... (Elle dégrafe le corsage de Muguette.)

MUGUETTE, à part.

Trop adroite pour un homme !

ABEILLE.

Voilà !

MUGUETTE, à part.

Il ne m'embrasse pas... c'en est une !... (Haut.) Jeune homme, vous êtes une femme !

ABEILLE.

Mais non !

MUGUETTE.

Vous êtes un homme, vous.

Air du *Luth galant*.

Alors pourquoi gantez-vous six et quart,
Et devant moi baissez-vous le regard?
A dégrafer les rob's vos deux mains font merveille...
Bref, pourquoi vous a-t-on, hélas! percé l'oreille ?
Pourquoi, dernier indice et preuve sans pareille,
Ne m'embrassez-vous pas ? (*bis*.)

ABEILLE, tremblante.

Mon Dieu ! mademoiselle... je...

MUGUETTE.

Ah ! vous êtes pincée, ma petite !

ABEILLE.

Eh bien, quand cela serait..

MUGUETTE.

Que voulez-vous à M. Eusèbe ?

ABEILLE.

Que vous importe ! Êtes-vous sa maîtresse ?

MUGUETTE, triomphante.

Allons donc, j'en étais bien sûre !... Les femmes n'entrent pas ici ! Sortez, ma mie !

ABEILLE.

Jamais !... Ah ! par exemple !...

SCÈNE VII.

LES MÊMES, EUSÈBE, entrant ; il est habillé.

EUSÈBE, venant de la gauche *.

Qu'est-ce donc ?... (A part.) Ciel ! Abeille !

ABEILLE.

Ah ! vous arrivez à propos.

MUGUETTE.

C'est ainsi, monsieur, que, contrairement aux règlements d'un propriétaire estimable, vous recevez une femme dans une maison honnête !

EUSÈBE.

Muguette, je vais te dire...

ABEILLE, allant à Muguette **.

Mon Dieu, mademoiselle, je ne suis pas ce que vous pensez... Je suis une jeune personne bien ..

EUSÈBE, appuyant.

Très-bien !

MUGUETTE.

Oh ! malheur !...

ABEILLE.

Et la preuve, c'est que... je vous cède la place.

EUSÈBE.

Ah ! mais non !

ABEILLE, à Eusèbe.

Ah ! vous êtes bien gardé, mon cher.

MUGUETTE.

Qu'est-ce que ça signifie aussi... de déranger comme ça les petits jeunes gens ?

ABEILLE, froidement.

Je ne dérange personne.

EUSÈBE.

Elle ne dérange personne.

ABEILLE.

Je venais, mon cher Eusèbe, vous inviter à une petite fête que je donne ce soir...

* Ab. Eus. Mug.
** Eus. Ab. Mug.

EUSÈBE.

Une fête ?...

MUGUETTE, sèchement.

Nous n'avons pas le temps.

ABEILLE.

Mais puisque cela déplaît à mademoiselle Muguette, puisque vous n'êtes pas libre... qu'il vous faut des permissions de... mademoiselle votre précepteur... (Riant.) Ah ! ah !

MUGUETTE, vexée, à part.

Elle ricane !

ABEILLE.

Je me retire... Adieu, mademoiselle Muguette !... Sans rancune !

MUGUETTE.

Bonsoir !

ENSEMBLE.

Air de *Marie*.

ABEILLE.

Ah! la scène est vraiment comique!
Pauvre Eusèbe, il baisse les yeux!...
Devant ce pouvoir tyrannique,
Mon cher, je vous fais mes adieux

EUSÈBE.

Ah! quelle scène dramatique!
Malgré moi je baisse les yeux.
Ce joug est par trop tyrannique,
Je le briserai... je le veux!

MUGUETTE.

Ah! quelle scène dramatique!
Il n'ose pas lever les yeux...
A le protéger je m'applique :
Sans plus tarder, quittez ces lieux !

(Abeille sort par le fond.)

SCÈNE VIII.

EUSÈBE, MUGUETTE.

EUSÈBE, se promenant avec agitation, les mains dans ses poches.

Allons ! elle s'en va fâchée... C'est insupportable aussi... cette contrainte... cette éternelle inquisition !

MUGUETTE *.

Qu'est-ce que c'est que cette femme-là ?

EUSÈBE.

Cette femme-là... c'est une femme très-bien.

* Mug. Eus.

MUGUETTE.

Une femme très-bien, qui se met en homme pour venir voir les étudiants ?

EUSÈBE.

Enfin, n'importe !... je...

MUGUETTE.

C'est elle qui vous a donné ce petit meuble ? (Elle tire le porte-cigares de sa poche.)

EUSÈBE.

Mon porte-cigares ! .. Oui, c'est elle qui l'a brodé pour moi.

MUGUETTE, l'examinant.

Ah ! elle l'a brodé ?

EUSÈBE.

Elle-même... de ses propres mains.

MUGUETTE, lisant l'étiquette.

Vingt francs.. Maison Chambille... passage des Panoramas...

EUSÈBE.

Comment ?

MUGUETTE.

Voyez l'étiquette.

EUSÈBE, décontenancé.

Ah !.. — Eh bien, ensuite ?... C'est une femme que j'aime.

MUGUETTE.

Et elle vous aime ?

EUSÈBE.

Oui...

MUGUETTE.

Allons donc ! elle se moque bien de vous.

EUSÈBE.

Enfin, je suis libre de mes actions.

MUGUETTE.

Libre ?

EUSÈBE.

De quel droit venez-vous me contrôler sans cesse ?... Je suis jeune... j'ai des aspirations.

MUGUETTE.

Qu'est ce qu'il dit ?... qu'est-ce qu'il dit ?

EUSÈBE.

Je dis que j'ai des aspirations.

MUGUETTE.

Il a des aspirations !... As-tu fini !...

EUSÈBE.

Ah ! c'est fort ! Je me révolte à la fin... Vous êtes sur mon dos, vous vous fourrez dans mes poches... ça m'ennuie... laissez-moi tranquille !

MUGUETTE.

Ah ! c'est comme ça ?

EUSÈBE.

Oui, c'est comme ça !

MUGUETTE.

Et moi qui avais la bonté de m'intéresser à monsieur, de négliger mon état, mes pratiques, pour l'empêcher de faire des bêtises ! Ce que j'en faisais, ce n'était pas pour vous, c'était en souvenir des bontés de votre excellente mère... Mais, c'est fini, je m'en vais. (Elle va au fond mettre son châle.)

EUSÈBE.

Tant mieux ! (Il passe à gauche.)

MUGUETTE, jetant le porte-cigares *.

Tenez, le voilà, votre bibelot !... Allez, mon petit ami, courez après les femmes en homme.

EUSÈBE, ramassant le porte-cigares.

Eh bien, oui !... je cours chez elle à l'instant.

MUGUETTE.

Allez !... Perdez-vous, ruinez-vous, ça m'est égal ! Je m'en moque !... Tenez, vous n'êtes qu'un petit jobard ! (Elle met son chapeau qui est accroché au fond.)

EUSÈBE.

Ah ! c'en est trop !

ENSEMBLE.

Air de *Grisar*.

MUGUETTE.

Oui,
Rompons notre alliance,
Entre nous tout est fini !
Votre liberté commence...
Je ne suis plus rien ici.

EUSÈBE.

Oui,
Rompons notre alliance !
Entre nous, tout est fini.
Que ma liberté commence !
Vous n'êtes plus rien ici.

(Eusèbe va prendre son chapeau sur la commode.

MUGUETTE **.

Sottes femmes que nous sommes,
N'ayons plus pitié des hommes ;
Car les hommes,
Tous les hommes
Sont des serins,
Des crétins !

REPRISE DE L'ENSEMBLE.

(Eusèbe sort vivement et avec colère par le fond.)

* Eus. Mug.
** Mug. Eus.

SCÈNE IX

MUGUETTE, puis ROCHONNET.

MUGUETTE, seule.

Étais-je bête!... Prendre de l'intérêt à qui, je vous le demande?... Oh! les hommes! les hommes! Oui, je m'en vais, je retourne à mes robes, et vivement!

LA VOIX DE ROCHONNET, en dehors.

Numéro 23... C'est bien, je trouverai, je n'ai besoin de personne! ..

MUGUETTE.

Cette voix!. . Mais c'est celle de M. Rochonnet... Comment, de retour à Paris! (On entend au dehors un grand bruit de voix et de portes qui s'ouvrent et se ferment.)

LA VOIX DE ROCHONNET.

Sac à papier! le numéro 23!... Il n'y a donc pas de numéro 23 dans cette baraque?

MUGUETTE.

Il arrive bien!... (Allant ouvrir.) Par ici!

ROCHONNET, paraissant, chargé de bagages *.

Cet imbécile de portier qui m'envoie au grenier... Voilà une heure que je cogne là-haut... M. Eusèbe Chambly, s'il vous plaît?

MUGUETTE.

Vous y êtes.

ROCHONNET.

Parbleu! j'étais bien sûr... (La reconnaissant.) Muguette Thibaut!... toi ici?... (Il pose au fond ses bagages et sa canne.) Où est mon neveu que je l'étreigne?

MUGUETTE.

Votre neveu?... Ah! c'est un joli paroissien!

ROCHONNET.

Qu'est-ce à dire?

MUGUETTE.

Votre neveu?... Il mène une vie de Polichinelle.

ROCHONNET.

Mon neveu!... le fils de ma sœur!... Il se plonge dans l'orgie?...

MUGUETTE.

Il reçoit une femme déguisée en homme, et qui se fait appeler Adrien.

ROCHONNET.

Une femme en homme!

MUGUETTE.

Avec un chapeau hongrois... et qui l'attend ce soir.

* Roch. Mug.

ROCHONNET.

Est-il possible !... Et où a-t-il connu cette créature?... A Tivoli, sans doute?

MUGUETTE.

Tivoli?... Eh ! c'est démoli ! (Elle passe à gauche.)

ROCHONNET *.

Tivoli est démoli !... (Avec éclat.) Et les journaux n'en ont pas parlé !... Mais de quoi s'occupe donc la presse ?

MUGUETTE.

Votre neveu !... Tenez, je l'abandonne, je m'en vais. (Fausse sortie.)

ROCHONNET, l'arrêtant.

Reste !

MUGUETTE.

Ah ben, ouiche !... J'en ai assez, j'en ai trop!

ROCHONNET, avec agitation.

Tu dis... une femme en homme?... Quelque grisette qui boit du champagne, une Frétillon sans vergogne...

MUGUETTE.

Allons donc!... les Frétillons sont de bonnes filles, qui rient, qui chantent, et qui s'en vont. Mais les petites demoiselles qui baissent les yeux, qui pleurnichent, qui vous disent : (Imitant Abeille.) « Mademoiselle, je ne suis pas ce que vous croyez... je vous cède la place... j'ai du cœur... je suis honnête... » Voilà le vrai danger, monsieur Rochonnet ! voilà les femmes qui vous entortillent, qui vous plument, qui vous ruinent... Ces petites femmes-là, monsieur Rochonnet, ce sont des gueuses !... ce sont des gueuses !.. ce sont des gueuses !.. (Elle sort vivement par le fond.)

SCÈNE X.

ROCHONNET, puis EUSÈBE.

ROCHONNET, appelant.

Muguette !... Ah ! quel tissu d'horreurs !... Voilà ! au lieu d'aller chez cette femme du monde, que je lui avais tant recommandée... madame Abeille de Vellarins... (Mystérieusement.) Elle m'a écrit, elle m'a envoyé un souvenir... (Tirant un objet de sa poche.) ce porte-cigares... Elle l'a brodé elle-même... avec mon chiffre. Oh! que je l'aime! mon Dieu ! que je l'aime !... Mais ne pensons qu'à Eusèbe pour le moment. Rochonnet, à toi de veiller !... Tu as du flair, veille au grain, Rochonnet, veille au grain !... (On entend la voix d'Eusèbe.) Ah ! voilà mon pendard !

* Roch. Mug.

EUSÈBE, entrant vivement *.

Je l'ai revue... elle m'attend ce soir à son bal... elle m'a fait espérer un tête-en-tête... Occupons-nous de mon costume !... (Voyant Rochonnet.) Tiens, mon oncle ! (Il va à lui.)

ROCHONNET.

Arrière, Sardanapale !

EUSÈBE.

Mon oncle !

ROCHONNET.

Je sais tout !

EUSÈBE, à part, avec colère.

Ah ! toujours cette Muguette !...

ROCHONNET.

Ah ! ah ! ça vous défrise ?

EUSÈBE.

Mais, mon oncle...

ROCHONNET.

Ah ! vous recevez des drôlesses !... J'ai été jeune aussi, moi, monsieur... De mon temps, on était scélérat, mais convenable !... On s'amusait, mais on ne faisait pas la noce !... Je ne recevais pas de femmes, moi, monsieur... j'allais chez elles !

EUSÈBE, à part.

Et Abeille qui m'attend ! (Haut.) Mais, mon oncle, on vous a fait des propos sur moi... Mais, pardon, il faut que j'aille à mon cours... je venais chercher mon Code.

ROCHONNET.

Ta ra ta ta !.. Oh ! comme je la connais, celle-là ! Tu veux étudier ton Code?

EUSÈBE.

Oui, mon oncle.

ROCHONNET.

Eh bien, rentre dans ta chambre, mon ami. (Il le pousse vers la gauche.)

EUSÈBE.

C'est arbitraire !

ROCHONNET.

Qu'est-ce que c'est ?.. on s'insurge ?... Veux-tu rentrer tout de suite. (Il le pousse dans la chambre de gauche, et ferme la porte.) La ! un bon tour de clef... (Criant à travers la porte.) Pioche, mon ami, pioche !... Et maintenant, aux informations !

SCÈNE XI.

ROCHONNET, ADRIEN BIJU.

ADRIEN, entrant par le fond, très-pâle, un paquet de lettres à la main.

Elle me trompait !... et pour Eusèbe !... Oh ! j'ai les preuves !... je le tuerai !

* Eus. Roch.

ROCHONNET, à part.

Hein !... qu'est-ce que c'est que celui-là ?

ADRIEN.

M. Eusèbe Chambly ?

ROCHONNET.

Qu'est-ce que vous voulez ?... qui êtes-vous ?

ADRIEN.

Je suis Adrien.

ROCHONNET.

Adrien !... un chapeau hongrois !... (Avec éclat.) C'est elle !... Petite malheureuse !

ADRIEN.

Hein ?

ROCHONNET.

Et voilà celles pour qui la jeunesse déserte les sentiers bénis du travail !. . Les voilà, ces filles de marbre, ces femmes sans pudeur, pour lesquelles on oublie famille, honneur, patrie !...

ADRIEN, à part.

Qu'est-ce qu'il a donc ?

ROCHONNET.

Mais tu n'es pas belle !... mais tu es laide !... mais tu as un vilain nez !... bec à corbin, ma bonne amie, bec à corbin !

ADRIEN.

Ah çà ! dites donc, vous !...

ROCHONNET.

Tu n'es pas honteuse d'être sous ce paletot ?

ADRIEN.

Mais pas du tout.

ROCHONNET, criant.

Veux-tu aller reprendre ta crinoline tout de suite !

ADRIEN.

Je veux voir Eusèbe Chambly.

ROCHONNET.

Elle l'avoue !... elle l'avoue !... Ah ! coquine !... (Prenant sa canne.) Entre là, tout de suite ! (Il montre la porte de droite.)

ADRIEN, qui a passé à gauche *.

Oh ! un fou !...

ROCHONNET.

Entre !... veux-tu entrer là tout de suite ?... (Il lève sa canne.)

ENSEMBLE.

Air de MANGEANT.

ROCHONNET.

Mais entre donc !
Entre donc ! (*bis*)

* Eus. Roch.

Ou crains ma colère,
Jeune téméraire!
Mais entre donc !
En prison,
Ou sinon,
Sinon
Je te fais mourir sous le bâton!

ADRIEN.

Obéissons,
Fuyons,
Et dépêchons,
Craignons sa colère!
Seul que puis-je faire?
Obéissons,
Fuyons,
Et dépêchons,
Sinon
Je pourrais mourir sous le bâton !

(Adrien, poursuivi par Rochonnet, se réfugie dans la chambre de droite. Rochonnet ferme la porte à clef.)

ROCHONNET, seul, agitant la clef triomphalement.

Elle est prise! .. sac à papier! C'est que j'ai du flair, moi! (On entend Eusèbe frapper et appeler.) Oui, cogne, mon bonhomme, cogne! Mais, au fait, elle est là. je puis lui ouvrir, à lui... Ouvrons, ouvrons! (Il ouvre.)

SCÈNE XII.

EUSÈBE, ROCHONNET.

EUSÈBE, entrant.

Ah! mon bon oncle, par pitié! laissez-moi sortir!

ROCHONNET, avec ironie.

Tu veux aller à ton cours?... Eh bien, va, mon ami, va! (A part.) Je suis tranquille; elle est là!... (Il montre la porte de droite.)

EUSÈBE, avec joie.

Vous m'autorisez?

ROCHONNET, gaiement.

Oui...

EUSÈBE.

Ah! mon bon oncle! vous me sauvez la vie! (A part.) Vite! chez Abeille! (Il sort par le fond.)

SCÈNE XIII.

ROCHONNET, puis MUGUETTE, puis ADRIEN.

ROCHONNET.

Va, mon bonhomme, va à ton cours... Voilà comme on joue les neveux par-dessous jambes! (On entend Adrien appeler et cogner.) L'entendez-vous cogner la drôlesse ! Cogne, ma belle amie, cogne ! (Muguette entre vivement par le fond.) Muguette !

MUGUETTE *.

Ah çà ! est-ce que votre neveu est devenu fou ? Où court-il donc ? que s'est-il passé ?

ROCHONNET.

Elle est venue.

MUGUETTE.

Qui ça ?

ROCHONNET.

Elle ! la fausse Adrien... le bonnet hongrois !

MUGUETTE.

Eh bien ?

ROCHONNET.

Elle est là, je l'ai enfermée !... Cogne-t-elle assez... hein ?

MUGUETTE, avec joie.

C'est elle ?

ROCHONNET.

Veux-tu la voir ?... (Allant ouvrir la porte de droite.) Mademoiselle... venez !

ADRIEN, entrant **.

Mademoiselle ?... Ah çà ! est-ce que ça ne va pas finir ?

MUGUETTE.

Ah ! mon Dieu ! Mais c'est monsieur Biju !... C'est un homme !

ROCHONNET, avec colère.

Un homme !... Ah çà ! monsieur, pourquoi donc ne me le disiez-vous pas ?

ADRIEN.

Ah ! sapristi ! j'aime bien ça !... Eh bien, oui, je suis Adrien Biju, l'amant d'une femme, à qui Eusèbe fait la cour !

ROCHONNET.

Sac à papier !... Et moi qui ai laissé sortir mon neveu ! (Il va reprendre ses bagages.)

MUGUETTE.

Sortir !... Ah ! vous avez fait de la belle ouvrage !

ADRIEN.

Oh ! je cours chez elle ! (Fausse sortie.)

MUGUETTE, bas, en allant à lui ***.

Monsieur, le nom, l'adresse de cette femme ?

ADRIEN.

Abeille, 15, rue de Bréda... Oh ! je les tuerai ! (Il sort en courant par le fond.)

* Roch. Mug.
** Mug. Roch. Ad.
*** Roch. Mug. Ad.

MUGUETTE, à part.

Ah! mon petit Eusèbe, je vous sauverai... malgré vous... A nous deux, mademoiselle Abeille!... 15, rue de Bréda! (Elle sort vivement par le fond.)

ROCHONNET, seul.

Et moi qui, à cause de lui, refusais de me marier! Je le déshérite!... Et vite, vite, chez madame Abeille de Vellarins, rue de Bréda, numéro 15! (Il sort.)

ACTE TROISIÈME

Un boudoir chez Abeille. — Deux portes au fond. — Entre les deux portes, une cheminée. — Portes latérales. — Toutes les portes sont garnies de portières en tapisserie. — Devant la cheminée, un guéridon. — A gauche, sur le devant, une causeuse. — Du même côté, adossé au mur, un petit meuble à tiroirs. — A droite, un portrait représentant un colonel de hussards. — Sous ce portrait, un piston accroché. — Girandoles, candélabres allumés.

SCÈNE PREMIÈRE.

GEORGINA, CORINNE, ZOUZOU, ALIDA, PHÉMIE, puis JULIE, puis ABEILLE.

(Au lever du rideau, on entend les dernières mesures d'un quadrille. — Les femmes entrent en scène par le fond, à gauche; elles portent d'élégants travestissements.)

GEORGINA, s'éventant avec son mouchoir*.

Ouf! qu'il fait chaud!

JULIE, entrant par le fond, à droite, avec un plateau.

Mesdames, voici des glaces! (Elle pose le plateau sur le guéridon, et sort.)

TOUTES.

Ah! bravo! bravo! (Elles prennent chacune une glace.)

ZOUZOU, s'asseyant sur la causeuse.

Ah! c'est-il éreintant de s'amuser!

CORINNE, à la porte.

Messieurs, c'est le boudoir réservé aux dames, les hommes n'entrent pas. . (Elle ferme la porte.)

ALIDA.

Oh! pas d'hommes!

PHÉMIE.

Oh! non, pas de gêneurs!

* Phé Zou. Cor Geor. Alid.

CORINNE.

J'espère que voilà une petite fête sérieuse !

ZOUZOU.

C'est égal... on ne gigotte pas assez.

GEORGINA.

Ce soir, le mot d'ordre est : décence, et pas de moulinet !

TOUTES, se récriant.

Et pourquoi donc ça ?

ABEILLE, entrant par la gauche *.

Pourquoi ?... Je vais vous le dire, mesdames.

TOUTES.

Abeille !

ABEILLE.

Cette soirée est, je l'espère, mon bal de fiançailles.

TOUTES.

Allons donc !

ABEILLE.

Je reçois mon futur mari.

GEORGINA.

Adrien Biju?

ABEILLE, prenant une glace.

Adrien? Allons donc ! il est ruiné, le pauvre garçon !

CORINNE.

Bah !

GEORGINA.

Mais il lui reste une ferme... un moulin ?

ABEILLE, faisant la moue.

Oh ! les moulins, ça rapporte si peu... Si encore c'était le moulin Rouge... il a une clientèle.

CORINNE.

Mais il a des rentes ?

ABEILLE.

En viager, ma chère.

GEORGINA.

Oh ! pas même les bénéfices du veuvage !

ABEILLE.

Celui que je veux épouser... c'est M. Eusèbe Chambly.

ZOUZOU, se levant.

Il consent ?

ABEILLE.

Il consentira.

GEORGINA.

Quelle drôle d'idée !... A ton âge, prendre un homme pour toujours !

* Phé. Zou. Ab. Geor. Cor. Alid.

ABEILLE *.

Que veux-tu!... J'aurai des vignes, des champs, des jardins, des fleurs... La terre, voyez-vous, il n'y a que ça... ça ne rapporte que trois, mais c'est solide.

Air de S. MANGEANT.

Cet hymen, c'est mon rêve,
Ma tocade, vraiment...
Qu'un obstacle s'élève,
Je le brise en riant;
Car je suis fille d'Ève. (*bis*)
Tire, lire, lire!
Les hommes, oui-da,
N' sont pas si forts que ça!

TOUTES

Tire, lire, lire!
Les hommes, oui-da,
N' sont pas si forts que ça!

ABEILLE.

Trompés à la douzaine,
Ils maudissent le sort!
Chacun dit : Plus de chaîne!
C'est fini!.. soyons fort!...
Un coup d'œil les ramène. (*bis*)
Tire, lire, lire!
Les hommes, oui-da,
N' sont pas si forts que ça!

TOUTES.

Tire, lire, lire!
Les hommes, oui-da,
N' sont pas si forts que ça!

ADRIEN, en dehors.

Laissez-moi tranquille!... J'entrerai! (Il se précipite en scène par le fond, à droite.)

SCÈNE II.

LES MÊMES, ADRIEN, fort agité.

LES FEMMES **.

Adrien!...

ADRIEN.

Eusèbe... mon rival... où est-il?

GEORGINA.

Voyons, mon petit Adrien!

CORINNE.

Calmez-vous!

* Phé. Zou. Ab. Cor. Geor. Alid.
** Phé. Zou. Ab. Adr. Cor. Geor. Alid.

ADRIEN.

Laissez-moi!... (A Abeille.) Ah! vous donnez une fête... un bal!... Je comprends que vous ne m'ayez pas invité... Où est-il cet homme, que je le tue!

ABEILLE, très-calme et très souriante.

Le tuer!... Et pourquoi?

ADRIEN, exaspéré.

Pourquoi? (Lui mettant des lettres sous le nez.) Tenez!... voilà pourquoi!

ABEILLE, avec calme.

Tiens, vous avez fouillé dans mes tiroirs?

ADRIEN.

Parfaitement!

GEORGINA, avec dignité.

Vous fouillez dans le tiroir d'une femme!.. Ah! tenez, mon cher, vous n'êtes pas un homme chic!...

ADRIEN.

C'est possible.

ABEILLE, allant à un petit meuble à gauche.

En tout cas, vous avez bien mal cherché... sans quoi vous auriez vu ce petit papier.

ADRIEN.

Quel petit papier?

ABEILLE, revenant à lui, le papier à la main.

Vous ne vous souvenez pas?... Le jour de ma fête, vous m'avez fait une lettre de change...

ADRIEN.

Hein?...

ABEILLE.

Je ne la demandais pas... mais enfin, vous insistiez tellement... j'ai fini par accepter.

ADRIEN.

Eh bien, je la payerai!

ABEILLE.

Avec quoi?

ADRIEN.

Mais... j'ai des amis... et...

ABEILLE.

Oh! les amis, vous savez... les amis, c'est comme les voitures, quand il pleut, on n'en trouve pas... (Les femmes se mettent à rire.)

CORINNE.

Si vous êtes ruiné, mon cher, c'est de votre faute.

GEORGINA.

Pardine!

ABEILLE.

Vous n'aviez qu'à acheter des obligations.

ADRIEN.

Enfin, où voulez-vous en venir?

ABEILLE.

A ceci! .. Le jugement, la signification, le commandement, tout a été fait en temps utile... Vous avez dû recevoir des papiers... avec des petits dessins, une dame qui tient des balances ?

ADRIEN.

Est-ce que je sais!... J'en reçois tant!

ABEILLE.

Eh bien! comme, moi aussi, j'en reçois; comme, d'une minute à l'autre, on peut saisir mon mobilier...

GEORGINA, CORINNE ET LES FEMMES.

Vraiment ?

ADRIEN.

Une saisie!

ABEILLE.

Comme un mariage avec M. Chambly est ma seule chance de fortune, si vous faites du bruit, si vous dites un mot à Eusèbe...

ADRIEN, abasourdi.

Vous me feriez mettre à Clichy? moi!...

ABEILLE, d'une voix angélique.

Que les hommes sont drôles! Tout les étonne!

ZOUZOU, qui guette à la porte du fond à gauche.

Voilà M. Eusèbe! (Elle redescend.)

ADRIEN, avec rage.

Lui!

ABEILLE

Le silence... ou Clichy!

ADRIEN, à part.

Oh! elle est mauvaise!

SCÈNE III.

LES MÊMES, EUSÈBE, déguisé en pierrot et légèrement ému; un peu de désordre dans son costume; il entre par le fond, à gauche.

EUSÈBE *.

Tra la la la... Ma chère Abeille, que suis heureux!... Hein!... Biju... ici?... (Il va à lui.)

ABEILLE, à part.

Tiens! ils se connaissent! (Les femmes remontent un peu.)

ADRIEN.

Oui... je...

EUSÈBE, regardant tout le monde.

Comment se fait-il?... Ah! j'y suis. (Bas à Adrien.) Abeille connaît ton ange?

* Phé. Zou. Ab. Eus. Adr. Cor. Geor. Alid.

ADRIEN, cherchant.

Mon ange?... (Vivement.) Oui, oui, c'est cela!

EUSÈBE.

Ah! c'est charmant!... Ce cher Biju!

ADRIEN, lui serrant la main avec contrainte.

Ce cher Eusèbe!

EUSÈBE, bas à Adrien.

C'est elle, mon ami... C'est la femme dont je te parlais.

ADRIEN, s'essuyant le front.

Ah! elle est bien bonne!

EUSÈBE, contemplant Abeille qui cause bas avec ses amies.

Est-elle jolie, hein?... Et quel cœur, mon ami!... C'est la fille d'un militaire.

ADRIEN.

Mais non!

EUSÈBE.

Mais si!... Tiens, voilà le portrait de son père, accroché là, au-dessus de la trompette.

ADRIEN.

Ce hussard?

EUSÈBE.

Cette trompette, c'est son unique héritage, mon ami... (Avec une grande émotion.) La trompette de son père!

ADRIEN.

De son père?

EUSÈBE.

Qui, de simple clairon, est devenu colonel.

ADRIEN, à part.

Sapristi! mais c'est mon piston! (Avec force.) Et je ne puis rien dire!

EUSÈBE.

Ah çà! tu restes ici?

ADRIEN.

Moi?

ABEILLE, très-aimable.

Mais, comment donc, certainement!... M. Biju ne refusera pas... Ah! seulement, le costume de rigueur.

ADRIEN.

Vous voulez que je me déguise?

ABEILLE, montrant la gauche.

Oh! nous avons un vestiaire.

EUSÈBE.

Viens te déguiser, mon ami... Ah! que je m'amuse!... Je suis libre, libre comme l'air!... J'ai taillé des baccarats, des lansquenets... J'ai perdu trente louis... J'ingurgite le champagne...

ADRIEN.

Ah!

EUSÈBE.

Oui... Tout à l'heure, j'ai avalé quatre verres de suite en faisant : dig!... Et pas de Muguette, mon ami! — A bas Muguette!... (Entraînant Adrien.) Viens prendre un costume, tu me feras vis-à-vis.

ADRIEN, s'inclinant devant Abeille.

Madame... Mesdames...

ABEILLE, faisant la révérence ainsi que les autres femmes.

Monsieur...

ADRIEN, à part.

J'ai envie de la mordre!...

EUSÈBE, entraînant Adrien.

Mais viens donc, mon ami!... viens donc!...

ADRIEN.

Voilà! voilà!... (A part.) Oh! elle est mauvaise! (Il sort avec Eusèbe par la gauche.)

SCÈNE IV.

PHÉMIE, ZOUZOU, ABEILLE, CORINNE, GEORGINA, ALIDA, puis JULIE, puis MUGUETTE.

(A peine les deux jeunes gens sont-ils sortis, que les femmes éclatent de rire.)

ZOUZOU.

Ah! c'est superbe!

CORINNE.

C'est que sans la lettre de change...

PHÉMIE.

Adrien aurait parlé.

GEORGINA.

Oh! les hommes n'ont pas de cœur!

JULIE, entrant par le fond, à droite *.

Madame, il y a dans la cuisine une paysanne qui demande à parler à madame.

LES FEMMES.

Une paysanne?

JULIE.

Elle apporte une bourriche à madame.

ABEILLE.

Une bourriche? (Julie remonte à la porte du fond, à droite, et fait signe qu'on peut entrer.)

GEORGINA.

Je devine... Ce sont ces messieurs qui t'envoient cela de Fontainebleau.

MUGUETTE, entrant par le fond, à droite, vêtue en grosse paysanne et portant une bouriche **.

Juste!... J'arrivons de Fontainebleau avec une bourriche de

* Phé. Zou. Ab. Jul. Cor. Geor. Alid.
** Phé. Zou. Ab. Jul. Mug. Cor. Geor. Alid.

gibier... Votre servante, madame, et la compagnie!... (Riant bêtement.) Eh! eh! eh!

GEORGINA.

Tiens, elle a une bonne figure!

MUGUETTE.

Tenez, mam' la bonne, v'là la bourriche! (Elle donne la bourriche à Julie, qui sort par le fond, à droite.)

ABEILLE, à Muguette.

Qui es-tu?

MUGUETTE.

Moi?

Air des *Trois paysans*.

J' m'app'lons Toinon, et plus d'un drille,
A la dans' quand je m'émoustille,
Prétend que j' somm's un beau brin d' fille.
Quand l' coq me réveill' dès le matin,
Mieux qu'un garçon j' pioche et j' travaille,
J' pans' not' baudet, j' soigne la volaille...
Et, l' dimanch', je chante au lutrin.
J' m'app'lons Toinon, etc.

TOUTES.

Elle est drôle!

ABEILLE, allant à elle en riant.

Bonjour, mademoiselle Muguette!

TOUTES.

Muguette!

MUGUETTE, à part.

Ah! le petit serpent! .. elle m'a reconnue!

ABEILLE.

Sans doute... une de mes amies... (A Muguette.) Oh! que c'est aimable à vous d'être venue! (Aux autres.) Est-elle bien déguisée!... Le bon bonnet... Ah! ah! ah! (Elle rit.)

TOUTES, riant.

Ah! bravo! charmant!...

MUGUETTE, à part.

Elle se moque de moi!... Oh! je bisque, je bisque! (Ritournelle de l'air suivant.)

GEORGINA.

Oh! mesdames, l'orchestre!...

CORINNE.

Je suis invitée.

TOUTES.

Moi aussi!... Eh vite! eh vite!...

ENSEMBLE.

Air :

ABEILLE, LES FEMMES.

Oui mon / ton projet bientôt réussira;

Ainsi, confiance
Et bonne espérance.
A mon/ton hymen rien ne s'opposera,
Pour moi/toi le bonheur viendra.

MUGUETTE, à part.

Oui, son projet bientôt avortera;
Ainsi, confiance
Et bonne espérance.
A son hymen quelqu'un s'opposera :
Muguette sera
Là!..

(Les femmes sortent par le fond à gauche — Abeille les reconduit, puis redescend vivement vers Muguette.)

SCÈNE V.

ABEILLE, MUGUETTE.

MUGUETTE, à part.

Que faire?... qu'inventer?...

ABEILLE.

Je suis aussi maligne que vous, ma belle. Il vous a fallu, ce matin, cinq minutes pour savoir que j'étais une femme; moi, je vous ai reconnue du premier coup d'œil .. quand vous êtes entrée... Vous avez à me parler?... (S'asseyant sur la causeuse.) Asseyez-vous donc... et causons comme deux bonnes ennemies... Qu'est-ce qu'il y a encore?... Voyons.

MUGUETTE, à part.

Ah! j'ai envie de la griffer, de l'égratigner!

ABEILLE.

Ah çà! vous l'aimez donc bien, M. Eusèbe?

MUGUETTE, à part,

Oh! quelle idée!.. Si je pouvais l'attendrir?... (Haut.) Eh bien, oui, je l'aime.

ABEILLE.

Ah! vous l'avouez donc?

MUGUETTE.

Eh bien, oui, je l'avoue... (Dramatiquement.) Je l'aime, cet homme... et si, ce matin, je vous ai fait une scène, si je vous ai mise à la porte, c'est que j'étais jalouse... Oh! madame, soyez généreuse, rendez-le-moi!

ABEILLE.

Vous le rendre?

MUGUETTE, jouant l'émotion.

C'est mon ami d'enfance, c'est mon premier amour!...

ABEILLE, avec ironie.

Votre premier amour!

MUGUETTE.

Air de *Gil-Blas.*

Le beau ciel de la Bourgogne
A vu nos premiers jeux
A tous deux.
Tra la, la, la, la, la,
La, la, la, la.
Riant, chantant sans vergogne,
Nous courions les chemins,
Vrais gamins,
Tra la, la, la, la, la,
Tra la, la, la.
Il m' dénichait des fauvettes,
Il allait m' cueillir des bluets;
Il me donnait de ses noisettes,
Et j' lui donnais de quoi qu' j'avais...
Quell' tendresse était la nôtre!..
Les beaux jours de cet âge d'or,
Il les oublie aux pieds d'un autre...
Mais, moi, je m'en souviens encor!..
Le beau ciel de la Bourgogne, etc.

ABEILLE.

C'est très-fâcheux... mais que voulez-vous que j'y fasse?

MUGUETTE.

Mais... je veux... que vous me le rendiez.

ABEILLE, se levant.

Oh! oh! ne pas croire!...

MUGUETTE.

Et ça ne sera pas une grande perte pour vous, allez!... Un petit bêta... qui n'est pas beau... des gros yeux... un petit nez de rien du tout; une certaine fraîcheur, je ne dis pas; mais c'est un petit jeune homme bien fadasse... Allons, vous n'en voulez plus, pas vrai?... vous me le rendez, c'est convenu?... oui?... Allons, topez là... vous êtes une bonne fille!

ABEILLE.

Mais non. Moi, je le trouve charmant... il m'aime... je l'aime... et...

MUGUETTE.

Et?...

ABEILLE.

Et je le garde... (Elle passe à droite.)

MUGUETTE.

Ah! c'est comme ça, c'est une lutte entre nous?... Eh

* Mug. Ab.

bien, j'accepte... Je le sauverai tout de même, ma petite... Je connais votre histoire avec Adrien Biju.

ABEILLE, avec émotion.

Ah !...

MUGUETTE.

Ah! ah ! ça vous interloque, ma petite chatte... (Avec rage.) Oh! que je vous déteste!

ABEILLE.

Vous voulez lui dire que M. Biju m'a aimée ?

MUGUETTE.

Bédame! je ne connais que lui .. et pourtant, dans votre passé, il doit y avoir de la société... Oh ! ils ne doivent pas s'ennuyer.

ABEILLE.

Oh ! je ne suis pas ce que vous pensez.

MUGUETTE.

Oui, oui, vous avez du cœur... Voilà des petites femmes dangereuses, tenez !...

ABEILLE.

Mademoiselle Muguette, je veux vous éviter la peine de parler à Eusèbe de M. Biju.

MUGUETTE.

Et comment ?

ABEILLE.

En lui en parlant moi-même.

MUGUETTE.

Hein ?...

EUSÈBE, en dehors.

Abeille !... Abeille !...

ABEILLE.

C'est lui !... Il vient me chercher pour la valse!... Mettez-vous là. . derrière cette tapisserie. (Elle montre la porte de droite.)

MUGUETTE.

Vous aurez le front de lui dire ?...

ABEILLE.

Vous allez voir... Le voici !... Eh ! vite, vite... cachez-vous... (Elle la pousse vers la porte de droite. — Muguette se met derrière la tapisserie. — Abeille s'assied sur la causeuse et appuie sa tête sur sa main, d'un air accablé.)

SCÈNE VI.

ABEILLE, EUSÈBE, MUGUETTE, cachée.

(Pendant cette scène, on entend l'orchestre du bal jouer un motif de valse.)

EUSÈBE, un verre de champagne à la main ; il entre par le fond, à gauche.

Je ne sais pas ce que j'ai... mais ça me tourne... ça me tourne !... Oh ! si Muguette me voyait... Ces lumières, la musique, les épaules nues, les fleurs... voilà la vie !... Et le champagne de la veuve Cliquot, donc !... voilà un vin respectable !... (Il vide son verre d'un trait, et aperçoit Abeille.) Abeille !... (Il pose son verre.) Ma chère Abeille, c'est une valse... et vous me l'avez promise... Oh ! la valse !... (Remarquant son air d'accablement.) Eh bien... qu'avez-vous donc ? Est-ce que vous souffrez ?... (Abeille lève les yeux sans répondre.) Voyons, répondez-moi, qu'est-il arrivé ?... (Abeille se laisse glisser à genoux.) A mes pieds !... Que signifie ?...

ABEILLE, d'une voix lente et émue.

Eusèbe... je vous ai trompé !...

EUSÈBE, très-surpris.

Hein !... Comment ?...

ABEILLE.

Vous m'avez crue un ange... eh bien, cette auréole de vertu, de sagesse, je ne la méritais pas.

EUSÈBE.

Que dites-vous ?...

ABEILLE.

Eusèbe, avant de vous connaître...

EUSÈBE.

Un autre amour ?...

ABEILLE.

Hélas !... vous faire cet aveu, c'est m'exposer à perdre votre tendresse... c'est encourir votre mépris.

EUSÈBE, la faisant relever.

Mais cet homme, ce rival, quel est-il ?... Parlez !... je veux savoir son nom !... je l'exige !...

ABEILLE.

Vous le connaissez... il était ici tout à l'heure...

EUSÈBE.

Adrien Biju ?...

ABEILLE.

Il s'efforça de me plaire... il fit briller à mes yeux une existence de plaisirs et de fêtes... Que pouvais-je, moi, malheureuse fille sans appui... ignorante des dangers du monde ?

MUGUETTE, à part.

Ah ! la petite masque !...

EUSÈBE, ému.

Continuez... continuez !

ABEILLE.

Oh ! bientôt, j'eus honte de moi-même... Cette vie de folie, de dissipation, me fit horreur... Je résolus de rompre avec elle... Je me disais : Peut-être un jour trouverai-je un cœur assez noble, assez généreux pour me... pardonner ma faute... une main qui se tendra vers moi pour m'aider à me relever !

EUSÈBE.

Pauvre femme !.. pauvre femme !...

MUGUETTE, à part, du même ton.

Cornichon !... cornichon !...

ABEILLE.

C'était là mon rêve, mon unique espérance...

Air de *Cotillon III.*

Pardonnez-moi, par un si long détour,
D'avoir caché mes torts... C'est là mon crime !..
Mais je craignais de perdre votre amour;
Ah! je craignais surtout de perdre votre estime!
Pour tout vous dire et vous désabuser,
Il me fallait un courage suprême...
Mais, à vos yeux, un mot doit m'excuser,
Et ce mot-là ..

EUSÈBE.

Ce mot ?

ABEILLE.

C'est : Je vous aime !
Ma seule excuse est dans ce mot : Je t'aime !

EUSÈBE, transporté.

Elle m'aime !... elle m'aime !...

MUGUETTE, à part.

Cristi !... elle est forte cette petite femme-là !...

EUSÈBE.

Oh ! relève la tête, pauvre victime !... J'oublie tout... je pardonne...

ABEILLE.

Et... tu m'épouseras ?...

EUSÈBE.

Eh bien... oui !. . oui !

ABEILLE, se jetant dans ses bras.

Ah ! sauvée !... sauvée !

MUGUETTE, à part.

Elle a vu jouer *Rédemption* au théâtre du Vaudeville...

EUSÈBE.

Oui, tu seras ma femme !... Mais cet Adrien Biju... quelle canaille !... Moi qui faisais ses versions grecques au collége... moi qui étais son copin !... Oh ! j'aurai une explication avec lui !... (Il va pour remonter.)

ABEILLE, l'arrêtant.

Mon ami, où allez-vous ?...

EUSÈBE.

Retrouver Adrien.

ABEILLE, avec crainte.

Eusèbe !...

EUSÈBE.

A bientôt, ange !... à bientôt !... Oh ! je t'aime !... je t'aime !... (Il sort vivement par le fond, à gauche. Muguette écarte le rideau.)

ABEILLE, de son ton ordinaire *.

Eh bien, vous voyez !... ça n'est pas plus difficile que ça !...

MUGUETTE.

Ah ! vous irez loin, vous !...

ABEILLE.

Il m'épousera... Maintenant, mademoiselle Muguette, je ne vous retiens pas... Ah ! pourtant, si vous voulez rester à ma petite fête, vous me ferez grand plaisir... Précisément vous êtes déguisée... Oh! le bon bonnet !... Ah ! ah ! ah !... (Elle rit au nez de Muguette.)

MUGUETTE, à part.

Quel toupet !...

ABEILLE, fredonnant.

Tire, lire, lire, lire!
Les hommes, oui-da,
N' sont pas si forts que ça !

(Elle rentre dans le bal par le fond à gauche.)

SCÈNE VII.

MUGUETTE, puis ROCHONNET.

MUGUETTE, seule.

Oh! oui, elle est très-forte !... C'est égal, je n'abandonne pas la partie !...

LA VOIX DE ROCHONNET, en dehors.

Ah çà ! voulez vous me laisser tranquille... je trouverai bien tout seul !

MUGUETTE.

Cette voix !... M. Rochonnet !...

ROCHONNET, entrant par le fond, à droite. Il est en costume de soirée, et tient un gros bouquet à la main **.

Les domestiques sont insupportables...

MUGUETTE.

Monsieur Rochonnet !...

ROCHONNET.

Muguette ! .. Toi ici ?... Ah çà !... comment se fait-il ?...

MUGUETTE.

Je vous dirai ça plus tard... Mais vous... comment y êtes-vous ?...

ROCHONNET.

Ça ne te regarde pas !...

MUGUETTE.

Vous... un homme grave... au bal !... Si votre neveu vous voyait...

* Ab. Mug.
** Mug. Roch.

ROCHONNET.

Mon neveu est un pendard... Ah! il m'a pris pour un oncle du Gymnase... Ah! il s'imagine que j'ai acheté l'emploi de M. Ferville à l'hôtel des ventes... Eh bien, je l'abandonne!... Moi aussi, je veux m'amuser, je veux m'en donner... (Il met son chapeau sur l'oreille.) A moi l'existence fantaisiste, sac à papier!

MUGUETTE.

Cependant...

ROCHONNET.

J'ai dîné au café Anglais... voici ma carte... (Il la tire de sa poche.) Ostendes, beurre et citron, trois francs!... potage à la bisque, trois francs!... perdreau, six francs... kramouski à la polonaise... dessert varié... corton... moët... Total, cinquante-neuf francs!

MUGUETTE.

Ah! mon Dieu!...

ROCHONNET, chantant à tue-tête.

O fortune, à ton caprice,
Viens, je livre mon destin!
L'or est une chimère ..

MUGUETTE.

Mais, vous connaissez donc mademoiselle Abeille?

ROCHONNET.

Moi!. . Mais c'est une jeune veuve de mes amies, une femme du monde, que j'adore!...

MUGUETTE.

Ah bah!

ROCHONNET, à part.

Si je la connais, elle!... l'ange au porte-cigares!

MUGUETTE, à part.

Quelle idée!.. Si je pouvais?... (Haut.) Eh bien, si vous l'aimez... pourquoi ne l'épousez-vous pas? ..

ROCHONNET.

Moi? Un instant .. hé! hé!

MUGUETTE.

Ah! c'est vrai... à votre âge...

ROCHONNET, piqué.

Ah çà! dis donc, toi, est-ce que je suis un Cassandre, un être cacochyme?... Je n'ai que cinquante ans... entends-tu bien!... et encore, j'ai passé deux ans en Angleterre... ça ne compte pas... Je n'ai que quarante-huit ans!... Je n'ai que quarante-huit ans, sac à papier!

MUGUETTE.

Alors, c'est bien différent!

ROCHONNET, criant.

Je suis solide!...

MUGUETTE.

Je crois bien !

ROCHONNET.

J'ai de l'œil, du cheveu, de la dent.

MUGUETTE.

Certainement.

ROCHONNET.

Et si je voulais épouser madame de Vellarius, rien ne m'en empêcherait.

MUGUETTE.

Pardine !... Est-ce que vous n'êtes pas libre ?...

ROCHONNET.

Est-ce que je ne suis pas libre ?... Et je l'épouserai !...

MUGUETTE.

Et vous ferez bien.

ROCHONNET.

Et demain je fais publier nos bans... C'est que j'ai une volonté, moi... Ah! mais !

MUGUETTE, triomphante.

Ah ! mais !...

ROCHONNET.

Air d'*Arthus*.

Mon neveu n'est qu'un vaurien,
Et, quoiqu'il raisonne,
A son sort je l'abandonne !

MUGUETTE.

Et vous ferez bien.
Libre et seul, craignez-vous
Que quelqu'un vous gronde ?

ROCHONNET.

D'une femme du monde
Je serai l'époux.
Je suis garçon ! je suis riche !

MUGUETTE.

Et les neveux, on s'en fiche !
Crac !
Bacchanal ! (*bis*)
La vie est un carnaval !
Bacchanal ! (*bis*)
Faisons bacchanal !

ENSEMBLE.

ROCHONNET.

Je suis garçon, je suis riche !
Et les neveux, on s'en fiche !
Crac !
Bacchanal ! (*bis*)
La vie est un carnaval !

Bacchanal !
Faisons bacchanal ! (*bis*)

MUGUETTE.

Il est garçon, il est riche!
Et le neveux, on s'en fiche !
Crac !
Bacchanal ! (*bis*)
La vie est un carnaval !
Bacchanal ! (*bis*)
Faisons bacchanal !

ENSEMBLE, sur la ritournelle.

Tra la, la, la, laire !

(Ils dansent l'un devant l'autre. — Les femmes entrent par le fond à gauche.)

SCÈNE VIII.

LES MÊMES, GEORGINA, CORINNE, ZOUZOU, ALIDA, PHÉMIE.

GEORGINA *.

Ah ! un pékin !

TOUTES.

Un pékin !

ROCHONNET.

Ses amies sans doute... des femmes du monde !...

CORINNE.

Voulez-vous bien vite mettre un costume !...

ROCHONNET, riant.

Que je me déguise ?...

MUGUETTE.

C'est de rigueur !

TOUTES.

Oui !

ROCHONNET.

Eh bien, ça me va, sac à papier !

TOUTES.

Au vestiaire !...

ROCHONNET, gaiement.

Au vestiaire !...

REPRISE ENSEMBLE.

Pour cette
Petite fête,
Que chacun de nous répète :
Crac !
Bacchanal ! (*bis*)
La vie est un carnaval !
Bacchanal ! (*bis*)
Faisons bacchanal !

(Les femmes entraînent Rochonnet par la porte de gauche.)

* Phé. Zou. Cor. Roch. Geor. Mug. Alid.

SCÈNE IX.

MUGUETTE, puis EUSÈBE et ADRIEN.

MUGUETTE.

Ça marche, ça marche !... L'arrivée de l'oncle est un cinq-cents au bézigue... ça peut me faire gagner la partie... Ah ! petite Abeille, ma mie, je brûlerai vos ailes !... (Elle remonte à l'écart.)

ADRIEN, entrant avec Eusèbe par le fond à gauche ; il est en pierrot*.

Ah ! sapristi !... tu m'ennuies, à la fin !

EUSÈBE.

Et maintenant que nous sommes seuls, je vous répète que je sais tout... elle m'a tout avoué !...

ADRIEN.

Hein ! .. comment !... elle. .

EUSÈBE.

Vous avez séduit cette femme !...

ADRIEN.

Moi?... (A part.) Et ne pouvoir rien dire !

EUSÈBE.

C'est entre nous un duel à mort !

MUGUETTE, à part.

Un duel ! Pas de ça, Lisette !... pas de ça !

ADRIEN.

Comment !... tu veux ?...

EUSÈBE.

Et à moins que vous ne soyez un lâche...

ADRIEN.

Un lâche !... Ah ! mais, dis donc, tu m'insultes !... Elle est mauvaise !

EUSÈBE.

C'est bien ce que je veux !...

ADRIEN, furieux.

Eusèbe !... (Ils s'avancent l'un contre l'autre avec des gestes menaçants.)

MUGUETTE, se jetant entre eux**.

Ah ! pas de gestes, mes bibis... pas de gestes !

ADRIEN.

Muguette ici !...

EUSÈBE.

Encore toi !... Ah ! c'est trop fort !

MUGUETTE.

Oui, encore moi, toujours moi... et fort à propos pour vous éviter une sottise !

* Eus. Ad. Mug.
** Eus. Mug. Ad.

EUSÈBE ET ADRIEN.

Une sottise!

MUGUETTE.

Les querelles, les mots piquants, passe encore! Les témoins arrangent l'affaire sur le terrain, on plume les canards, et l'honneur est satisfait. Mais pas de jeu de mains, parce qu'alors il faut se battre... on peut se tuer... ou se crever un œil... et, comme dit M. Biju : elle est mauvaise!

EUSÈBE.

Oh! je le sais, elle m'aime!

MUGUETTE, ironiquement.

Oui... oui... Je me charge de vous édifier sur ce point.

EUSÈBE.

Toi! ..

ADRIEN.

Par quel moyen?

MUGUETTE.

Je l'entends... Suivez moi... je vous dirai tout.

ENSEMBLE.

Air de *l'Etoile du Nord*.

MUGUETTE.

Et prudence et mystère!
Tous deux sachez vous taire,
Et bientôt, au complet,
Vous saurez (*bis*) le secret!

EUSÈBE ET ADRIEN.

Quel est donc ce mystère?
Tous deux, sachons nous taire;
Car je tiens en secret
A savoir (*bis*) son projet.

(Muguette les entraine par le fond à droite.)

SCÈNE X.

ABEILLE, puis ROCHONNET, puis MUGUETTE, ensuite EUSÈBE et ADRIEN, et, à la fin, TOUTES LES FEMMES.

ABEILLE, entrant par le fond, à gauche.

Qu'est-ce donc?... Il m'avait semblé entendre. . (Regardant.) Personne!... Je me serai trompée.

ROCHONNET, rentrant par la gauche; il est en Espagnol, et tient toujours son bouquet *.

Ma belle dame... c'est moi!

ABEILLE.

Monsieur Rochonnet!.. chez moi!... sous ce costume! Oh!

* Roch Ab.

mon Dieu! quelle agréable surprise!... Depuis quand à Paris?

ROCHONNET.

Je débarque, belle dame... Permettez-moi... (Il lui offre le bouquet.)

ABEILLE.

Un bouquet!... à moi!... (Elle le prend.)

ROCHONNET.

Roses et giroflées... On m'a dit que c'était ce qu'il y avait de mieux... J'ai payé ça quinze francs!...

ABEILLE.

Quelle exquise galanterie!... (Elle pose le bouquet sur le guéridon.)

ROCHONNET, à part.

J'ai quelque chose de défait dans mon pourpoint. (Haut.) Ah! que je suis heureux!... car c'est pour vous, pour vous seule que j'ai fait ce voyage!

ABEILLE.

Oh! pour moi... et aussi pour votre neveu... (Muguette entr'ouvre la porte du fond, à droite, et écoute.)

ROCHONNET, exaspéré *.

Mon neveu!... Ne m'en parlez pas, c'est un drôle!... c'est un neveu de l'ancien répertoire... je l'abandonne!... Assez de népotisme... madame... assez de népotisme!...

ABEILLE.

Et qu'a-t-il donc fait?

ROCHONNET.

Ce qu'il a fait?... Il donne dans la cascade... Il courtise les donzelles en chapeau hongrois!...

ABEILLE, à part.

Il ne sait donc pas?...

ROCHONNET.

Je le déshérite!

ABEILLE, à part.

Diable!

MUGUETTE, à part.

Il va comme un amour!

ROCHONNET.

Mon Dieu! quand je songe que, pour ce gredin-là, pour lui laisser ma fortune, je m'étais condamné au célibat... je restais garçon... comme les vestales de l'antiquité.

ABEILLE.

En vérité?

MUGUETTE, à part.

Ça mord!... ça mord!...

ROCHONNET.

Moi, qui suis dans ma seconde jeunesse, dans la fougue

* Roch. Ab. Mug.

des passions !... moi, un des plus gros bonnets des environs de Beaune !... (A part.) Sac à papier ! mon costume ne tient pas... (Pendant le reste de la scène, il essaye d'assujettir son costume. — Haut.) Et je garderais, pour mon vaurien de neveu, mes quarante bonnes mille livres de rente?... Pas si bête !... pas si bête !... (A part.) Il y a une bretelle de partie.

ABEILLE, à part.

Mais alors, Eusèbe est ruiné !

ROCHONNET.

J'ai quarante-huit ans, belle dame; dites un mot, et je vous campe mes vignobles sur la tête... et je vous épouse à la face de la Côte-d'Or !...

ABEILLE.

Moi ?

MUGUETTE.

Elle vacille !

ABEILLE.

Mais c'est une plaisanterie, sans doute?

ROCHONNET.

Une plaisanterie !... quand ce porte-cigares brûle mon âme ! (Avec passion.) Mais tu ne lis donc pas dans mes regards ? mais tu ne sais donc pas lire dans les regards d'un Bourguignon égaré par l'amour?

ABEILLE, étouffant une envie de rire.

Ah ! qu'il est drôle ! (Muguette s'avance sur la pointe des pieds.)

ROCHONNET, se jetant à ses genoux.

Tenez, je suis à vos pieds... Un mot, un seul !...

ABEILLE.

Eh bien...

ROCHONNET.

Eh bien ?...

ABEILLE.

J'accepte.

MUGUETTE, à part.

Allons donc !

ROCHONNET, toujours à genoux.

O bonheur !. . Paraissez, Navarrois, Maures et Castillans !

MUGUETTE, qui a ouvert la porte du fond à droite.

Les Castillans demandés !

EUSÈBE ET ADRIEN, paraissant.

Voilà ! (Ils entrent.)

ABEILLE, à part *.

Ciel !

ROCHONNET.

Mon neveu !

EUSÈBE.

Mon oncle aux pieds d'Abeille !.. de ma prétendue !

* Roch. Ad. Ab. Mug. Eus.

ROCHONNET, se relevant.

Sa prétendue!

MUGUETTE.

Eh oui, c'est le bonnet hongrois!

ADRIEN, montrant Abeille.

Et, de plus, ma bonne amie!...

ABEILLE, à part, passant à gauche.

Je suis prise! (Adrien la suit.)

ROCHONNET, éclatant *.

Sac à papier!... je la croyais une femme du monde, et c'était une créature!... Mais où donc est la pudeur en France?

ABEILLE, avec des attaques de nerfs.

Ah! c'est indigne! Ah! j'étouffe!... je... (Elle se laisse tomber sur la causeuse, en ayant soin de prendre une pose gracieuse.)

ADRIEN, un peu ému.

Elle s'évanouit!... Ah! mon Dieu! (Il court au fond à gauche, semble appeler. — Corinne, Georgina et les autres femmes accourent et s'empressent autour d'Abeille, à qui l'une d'elles fait respirer un flacon. — Adrien est revenu près d'elle.)

EUSÈBE.

Comme elle m'abusait!

MUGUETTE.

Et, sans moi, vous alliez... (S'arrêtant devant lui.) Tenez, vous êtes bête!

EUSÈBE, vexé.

Bête!

ROCHONNET.

Elle a raison, tu es stupide!

MUGUETTE, à Rochonnet.

Vous aussi!

ROCHONNET.

Hein?... Ah çà! mais, dis donc, toi...

EUSÈBE.

Elle a raison, mon oncle... sans elle nous étions pris.

ROCHONNET.

Oh! les filles d'Ève!... les mangeuses de pommes! (Il va à la table du fond et sonne. — Julie entre par le fond à droite.) Rendez-moi mes vêtements, tout de suite. (Julie sort par la gauche. Rochonnet vient près d'Eusèbe, à qui il parle bas.)

ABEILLE, d'une voix mourante.

Adrien!... mon Adrien!

ADRIEN, toujours près d'elle.

Mon nom!.. (Avec émotion.) Elle a prononcé mon nom!... (Peu à peu il se laisse glisser à ses pieds et lui tape dans les mains. — Abeille le regarde en dessous.)

* Ab. Ad. Roch. Mug. Eus.

ROCHONNET, à Eusèbe *.

Je te dis que j'ai du flair, moi... Aussi, je ne te quitte plus, et je me charge de trouver pour toi une bonne et gentille ménagère..

MUGUETTE, haussant les épaules.

Allons donc!

ROCHONNET.

Sage, active, économe.

MUGUETTE.

Allons donc!... vous ne trouverez pas ça!

ROCHONNET.

Je le trouverai!

MUGUETTE.

Je vous dis que non!

ROCHONNET.

Et moi... je te dis que si!... Quand ce serait...

MUGUETTE.

Quand ce serait?...

ROCHONNET.

Quand ce serait... toi!

MUGUETTE, très-émue.

Hein!

EUSÈBE.

Muguette?

MUGUETTE.

Comment... moi... moi... je...

ROCHONNET, criant.

Ne nous attendrissons pas!

MUGUETTE.

Non!

EUSÈBE.

Muguette!... Mon oncle!...

ROCHONNET, criant toujours.

Tais-toi!... ou je l'épouse, moi!

EUSÈBE.

Oh! non, je la garde!

ROCHONNET, après avoir fait passer Muguette près d'Eusèbe, allant au fond et sonnant comme un sourd **.

Mes vêtements, sac à papier!

JULIE, rentrant par la gauche, avec les habits de Rochonnet.

Voilà, monsieur. (Elle lui donne le paquet et sort par le fond à droite.)

ADRIEN, près d'Abeille, avec joie.

Elle revient à elle!

ABEILLE, comme sortant d'un rêve.

Adrien!... mon Adrien!... Ah! j'ai voulu t'éprouver... mais c'est toi seul que j'aimais!

* Ab. Ad. Mug. Roch. Eus.
** Ab. Ad. Roch. Mug. Eus.

ADRIEN, avec passion.

Écoute, je vendrai ma ferme!

ABEILLE.

Et le moulin aussi?

ADRIEN.

Tout!... Ah! Abeille!... ma chère Abeille! (Il couvre sa main de baisers.)

ABEILLE.

Je te pardonne. (A part.) Il m'épousera!

ROCHONNET, à Eusèbe et à Muguette.

En route, mes enfants!... Au chemin de fer!...

EUSÈBE.

Et par le chemin le plus court!

MUGUETTE.

Je me charge de vous y conduire. (Les prenant chacun par un bras.) *Le Guide de l'étranger dans Paris!*

TOUS LES TROIS.

Les vignerons de la Bourgogne,
Et gogne, gogne, gogne, gogne,
Les vignerons de la Bourgogne
Sont de bons,
De bons vignerons.

CHŒUR GÉNÉRAL.

Les vignerons de la Bourgogne, etc.

(Adrien est toujours aux pieds d'Abeille. — Rochonnet, Eusèbe et Muguette font un mouvement vers la porte du fond à droite, que leur ouvre Julie. — Les femmes font des révérences à Rochonnet, en riant aux éclats. — Le rideau baisse.)

FIN.

LAGNY. — Typographie de A. VARIGAULT et Cie.

www.ingramcontent.com/pod-product-compliance
Ingram Content Group UK Ltd.
Pitfield, Milton Keynes, MK11 3LW, UK
UKHW021312190726
13839UKWH00007B/1184

9 782329 435596